スラヴの十字路

新装増補版

Hiroyoshi Arashida
嵐田 浩吉

MP
Metropolitan Press

ロシアの伝統と現在
上はモスクワのクレムリン、下はモスクワ国際ビジネスセンター（通称モスクワ・シティ）

中欧を代表する都市、ポーランドのワルシャワ（上）とチェコのプラハ（下）

民族衣装を着て民族舞踏を披露するセルビア人

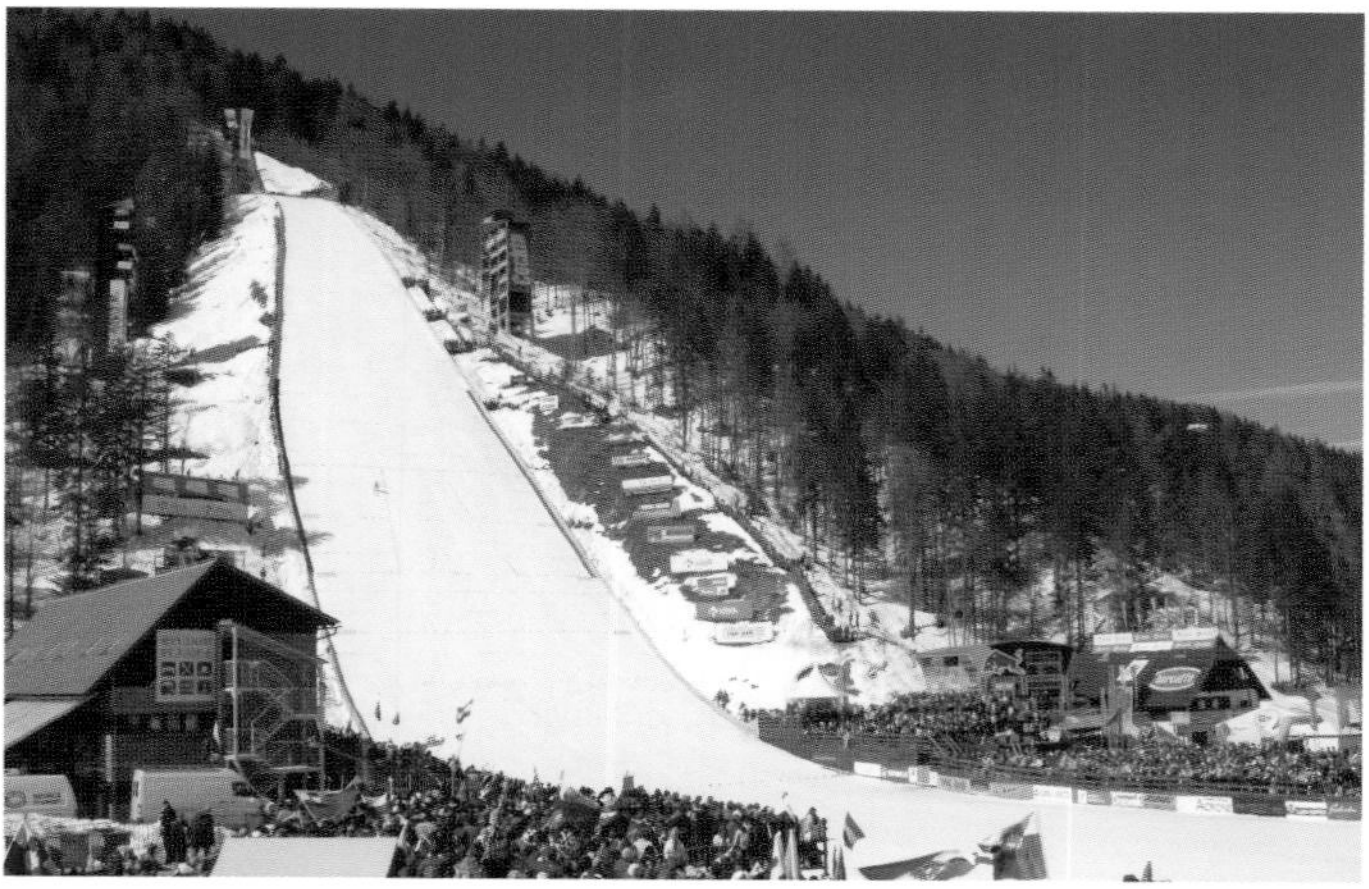

スロヴェニア・プラニツァにある世界最大級のスキー・ジャンプ台

スラヴの十字路

新装増補版

目次

第3章　南スラヴの世界　115

第4章　スラヴの芸術とスポーツ　153

スラヴの国々

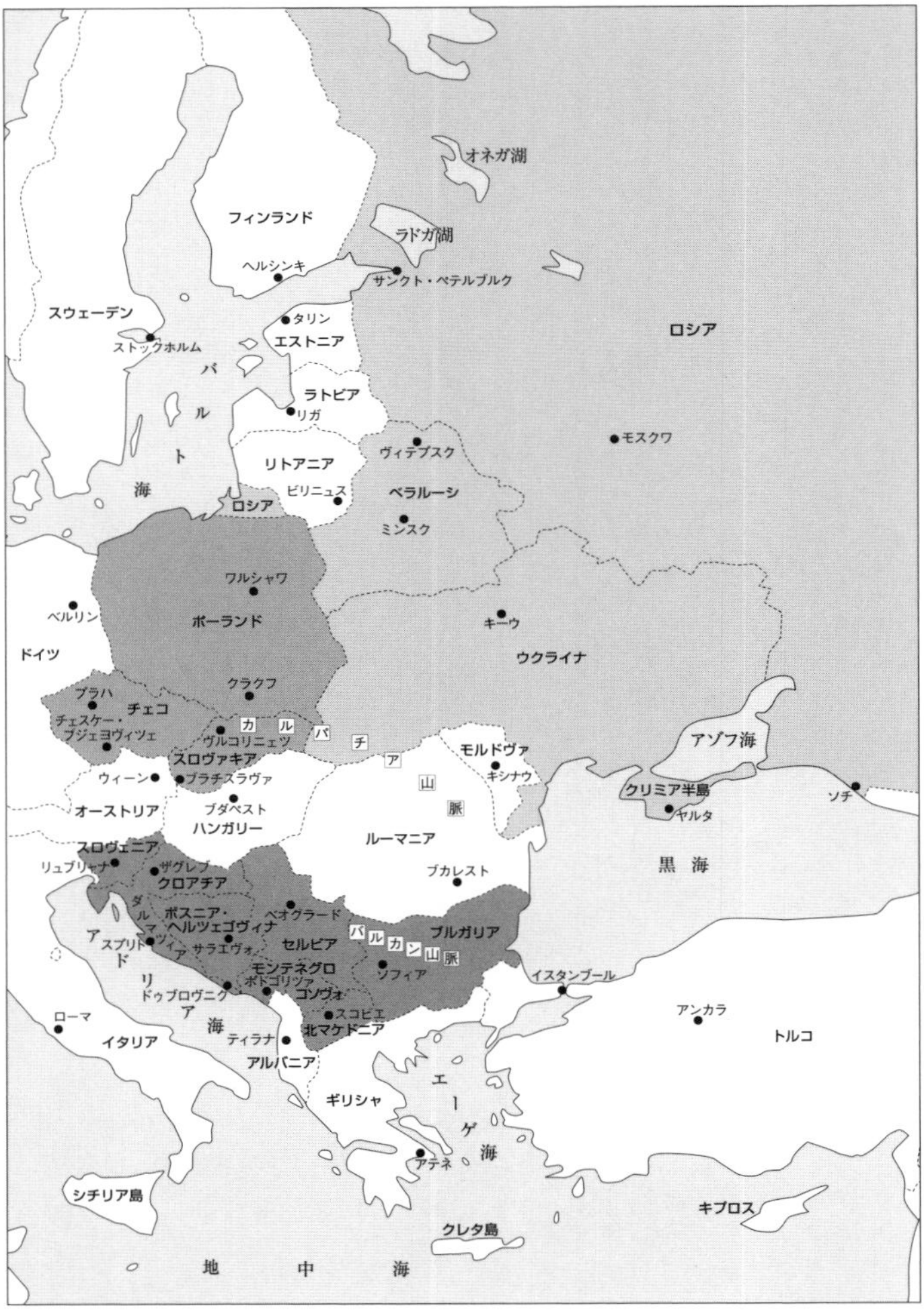

■・・・東スラヴ

■・・・西スラヴ

■・・・南スラヴ

基礎データ

国　名	首　都	面積（㎢）	人口（万人）*	主要民族 **	主要宗教	GDP（百万米ドル）***
ロシア	モスクワ	17,098,246	14,587	ロシア人（77.7%）	東方正教	1,775,548(11)
ウクライナ	キーウ	603,500	4,399	ウクライナ人（77.8%）	東方正教	198,316(54)
ベラルーシ	ミンスク	207,600	945	ベラルーシ人（84.9%）	東方正教	68,208(77)
ポーランド	ワルシャワ	312,679	3,789	ポーランド人（97.1%）	カトリック	674,127(23)
チェコ	プラハ	78,870	1,069	チェコ人（64.3%）	カトリック	282,641(48)
スロヴァキア	ブラチスラヴァ	49,035	546	スロヴァキア人（80.7%）	カトリック	114,947(61)
ブルガリア	ソフィア	110,372	700	ブルガリア人（76.9%）	東方正教	80,327(71)
セルビア	ベオグラード	88,444	877	セルビア人（83.3%）	東方正教	63,068(84)
クロアチア	ザグレブ	56,594	413	クロアチア人（90.4%）	カトリック	67,838(78)
スロヴェニア	リュブリャナ	20,273	208	スロヴェニア人（83.1%）	カトリック	61,567(85)
ボスニア・ヘルツェゴヴィナ	サラエヴォ	51,209	330	ボシュニャク人（50.1%）	イスラム教	22,419(111)
モンテネグロ	ポドゴリツァ	13,812	63	モンテネグロ人（45.0%）	東方正教	5,813(152)
北マケドニア	スコピエ	25,713	208	マケドニア人（64.2%）	東方正教	13,889(135)

*UN, *World Population Prospects; The 2019 Revision* による
**UN, *Demographic Yearbook System* 等による、カッコ内は全人口に占める割合
***2021 年、IMF の資料による。カッコ内は国別順位

【増補版追記】地図と基礎データについては新装増補版刊行にあたり、旧版のものを改めた。

ただし、本論中のウクライナの地名等固有名詞は旧版のまま、ロシア語表記となっている。

序　章

スラヴ民族とスラヴ世界

日本でも人気の高いヨーロッパ。ところで、ヨーロッパ最大の民族グループは何か、ご存知だろうか。ドイツ人やイギリス人などのゲルマン民族だろうか。それともイタリア人やフランス人などのラテン民族だろうか。ともに違う。ヨーロッパ最大の民族グループは、主としてロシア・旧東欧地域に暮らす、スラヴ民族なのである。

スラヴ民族を簡単に定義するなら、インド＝ヨーロッパ語族のひとつであるスラヴ語派に属するスラヴ諸語を母語とする人々、ということになる。彼らは現在、中央ヨーロッパから東北アジアにまたがる広大な領域の主要民族となっており、その総人口はおよそ三億人と推計されている。

スラヴ民族は初めから現在のような広い地域に住んでいたわけではない。それでは、彼らはもともとどこに住んでいたのだろうか。この「原郷」をめぐる問題については、様々な議論が戦わされてきたが、有力視されているのは、カルパチア山脈の北方、今日のポーランド、ベラルーシ、北西ウクライナにまたがる、森林と沼沢におおわれた地域であったろうというものだ。そこからいわゆる民族大移動の時期以降拡散を続け、現在のような広大な領域にスラヴ世界を築いたのである。

民族が拡散した結果、スラヴ民族は三つに分化することになった。ロシア人、ウクライナ人などの東スラヴ族、ポーランド人、チェコ人などの西スラヴ族、ブルガリア人や、セルビア人・クロアチア人といった旧ユーゴスラヴィアの人々から成る南スラヴ族の三つである。このうち最大のグループが東スラヴ族で、スラヴ民族の七割程度を数え、中でも最大のロシア人は人口がおよそ一億四〇〇〇万人なので、ロシア人だけでスラヴ民族の半数近くを占めていることになる。

それではなぜ、〝スラヴ〟民族というのだろうか。実は、これがはっきりしないのである。「奴隷」（英語では slave）に由来するという説を耳にしたことがある人もいるだろうが、それは間違いだ。はるか昔に多くのスラヴ人が奴隷として売買されたことがあったので、ヨーロッパでは、スラヴ人を意味する語が逆に奴隷をも表すようになったのである。「スラヴ人は奴隷に由来する」といったような考えは、スラヴ民族を低くみなそうとするよからぬ感情に源を発するのだろう。また、「栄光・誉れ」を意味する語（例えば、ロシア語ではслава《スラーヴァ》、チェコ語ではsláva）に由来すると考える人たちもいるが、残念ながら、これも学術的に証明されていない。この説には、前とは逆の感情が働いているのだろう。蓋然性が高いのは、「言葉」を意味する語（ロシア語ではслово《スローヴォ》、チェコ語ではslovo）に由来するというものと、川の名前に由来するというものだ。

スラヴ人は西に隣接して暮らしていたゲルマン人をnemcyと呼んだが、これは「自分たちの理解できないことばを話す人々」という意味だった。こうしたことから、スラヴ人が自らを「言葉を持つ人間」と呼んだと考えられるのである（ちなみに、nemcyという語は現在でも各スラヴ語で「ドイツ人」を意味する）。一方、川の名前の方だが、スラヴ民族の原郷を論じる際、よく言及されるプリピャチ川の一支流にスラヴタという川があったり、他にもSlav-という語根を持つ川がスラヴの原郷には広く見られるのである。

ところで、スラヴ民族は決して平坦な歴史を歩んできたわけではない。むしろ、激動の歴史を刻んできたと言えるだろう。とりわけ、「戦争と革命の世紀」と言われる二〇世紀の世界史的な意義を持つ重大な諸事件は相次いでスラヴの地で起こった。第一次世界大戦、ロシア革命、第二次世界大戦、社会主義体制の崩壊など、すべてがこの地を舞台とした。スラヴ世界はわずか一世紀の間に、史上稀に見る巨大な変動を経験したのである。

スラヴ民族の原郷と関連づけられるプリピャチ川。ベラルーシとウクライナを流れ、ドニエプル川に合流する

セルゲイ・イヴァノフ『東スラヴ人の暮らし』（1909 年）

残念ながら、スラヴ世界は多くの日本人にはあまりなじみがないだろう。それには様々な理由が考えられるが、まず挙げられるのは、上でも触れたように、この地域が二〇年ほど前までは社会主義体制にあり、「鉄のカーテン」の向こう側にあったということだ。さらに、この地域の国々は、ロシアを除いて、近代に至るまで他国（オーストリア、プロイセン、トルコ、そしてロシア）の支配を受け、独立国家を形成できなかったということも関係していよう。この地域の多くの国々が独立を獲得するには、二〇世紀の二つの大戦とベルリンの壁の崩壊まで待たなければならなかったのである。一般的な日本人にとって、これらの国々は地理的にも、心理的にも、まさに〝遠い国〟だったのである。

しかし、スラヴの人々は文化面では日本に大きなインパクトを与え続けてきた。文学ではドストエフスキーやクンデラ、音楽ではチャイコフスキーやショパン、美術ではカンディンスキーやミュシャ、映画ではエイゼンシテインやワイダ、こうした人々の名前を思い浮かべれば、十分納得できるだろう。また、最近ではトヨタや日産など、自動車産業の進出に象徴されるように、経済的な面からもスラヴ地域は日本にとって重要さを増してきている。

スラヴ世界はたしかに、日本ではあまり知られておらず、それほど日本人の関心をひきつけてもいない。しかし、そこには知る価値の十分にある豊潤で多様な世界が広がっている。この魅力あふれるスラヴ世界を、様々なトピックを通じて知っていただこうというのが、本書の目的である。

二つのキリスト教と二つの文化圏

スラヴ世界は、言うまでもなく、キリスト教世界に属する。しかし、そこには等質なキリスト教ではなく、主として二つのキリスト教が存在する。そして、それを基盤に、スラヴ世界は二つの文化圏に大別されるのである。

スラヴ地域へのキリスト教の布教は九世紀頃から本格化し、この地域のほとんどは十世紀までにはキリスト教を受容した。しかし、受容したキリスト教は一様ではなかった。西スラヴ（ポーランド、チェコ、スロヴァキア）と南スラヴの一部（クロアチア、スロヴェニア）はカトリック教会を、一方、東スラヴ（ロシア、ウクライナ、ベラルーシ）と南スラヴの一部（ブルガリア、セルビア、モンテネグロ、マケドニア）は東方正教会を受け入れた（国名は現在のもの）※。

もともとキリスト教はひとつだったわけだが、それがローマ帝国と同じように東西に分離して、西のカトリック、東の正教会となった。前者はなじみがあるが、後者については耳慣れないという人も多いだろう。そこで、この教派について少し説明しておこう。

東方正教会というのはビザンティン（東ローマ）帝国のキリスト教会を起源とし、ほぼ共通の典礼と慣行を有する様々な国および地域の教会の総称である。日本ではこの教会を指して「ギリシア正教会」という語がよく用いられるが、それ故、それは正確ではない。

東方正教会は古代教会の伝統を受け継ぎ、原始キリスト教の精神をよく伝えてきたと言われる。西のカトリックに比べて、義よりも愛、罪よりも救いに重きを置き、神秘主義的傾向が強く、復活を重視する（正教会で最も盛大に祝われる祭儀は復活祭である）。イコン崇拝も正教会の特徴だが、この聖画像は二〇世紀初頭にロシア・アヴァンギャルドの芸術家たちによって美的に再評価され、新たな芸術を生み出す大きな刺激となった。

もちろん、典礼や教義など、東西両教会にはこれ以外にも様々な相違点がある。その組織自体も異なる。カトリック教会はローマ教皇を頂点としたピラミッド型のひとつの統一体を形成しているが、東方正教会には教皇のような全体の首長は存在せず、それぞれの教会が総主教の下に完全な独立と自治を有している（ギリシア正教会、ロシア正教会、ブルガリア正教会というように）。日本にも、日本ハリストス正教会が存在する（「ハリストス」とはギリシア語で「キリスト」の意）。

ところで、受容したキリスト教が異なるということは宗教的な違いを超えて、文化的な相違も生み出すことになった。カトリック教会を受容した地域はカトリック文化圏に、東方正教会を受容した地域は東方正教文化圏に属することになった、つまり、前者は文化的バックボーンとして西ローマ帝国の文化を、後者はビザンティン帝国の文化、さらにはそこを通してギリシア文化を有することになったのである。最も分かりやすいのは、それぞれの地域で用いられている文字だろう。カトリック文化圏に属するところでは英語と同じラテン文字を使用し、東方正教文化圏に属するところではロシア語と同じキリル文字を使用しているのである。だから、セルビアとクロアチアではほぼ同じ言語が使用されているのに、前者はキリル文字を、後者はラテン文字を使用しているのだ（この二つの言語は旧ユーゴスラヴィア時代、セルビア・クロアチア語とひとつの言語として扱われたが、ユーゴ解体により、セルビア語とクロアチア語の二言語とみなされるようになった）。

また、両方の地域を旅されたことのある方なら、きっとそこで眼にするものが異なることに気づいただろう。都市の中心にはたいてい大きな教会があるが、カトリック圏にはゴシック様式などのいかにもカトリック教会らしいものが、一方、東方正教圏にはねぎ坊主と言われる円屋根を戴いた教会があるのである（例えば、プラハの聖ヴィート大聖堂とモスクワのクレムリン内の教会群のように）。このように、異なるキリスト教を受容したことは、両者の文化に大きな違いを生み出すことになった。チェコ出身の作家クンデラもこの違いをたびたび強調し、チェコやポーランドからみれば、ロシアは「別世界」のようだと言っている。

もちろん、スラヴ地域で信仰されているのはこの二つのキリスト教だけではない。プロ

プラハの風景。中央奥に鋭い尖塔を持つ、聖ヴィート大聖堂がそびえ立つ

モスクワ・クレムリン内のブラゴヴェシチェンスキー聖堂。金色に輝く円屋根を戴く

テスタントもおり、東方帰一教会というのもある。これは東方典礼カトリック教会、あるいはユニエイト教会などとも呼ばれ、ウクライナを中心にみられる。元来は東方教会に属し、典礼などは依然として東方正教会のものを用いているが、カトリックの教義を受け入れ、ローマ教皇の権威を認めるようになったものである。いかにも、東西両教会のはざまにあるスラヴ世界らしい教派と言えるだろう。

また、キリスト教以外の宗教があるのも当然である。例えば、ユダヤ教徒やイスラム教徒もいる。特にボスニア・ヘルツェゴヴィナには多数のイスラム教徒が存在し（あるデータでは全人口の四五パーセントがイスラム教徒）、キリスト教とイスラム教の対立が前世紀末の悲惨なユーゴ内戦の大きな原因のひとつとなった。

※旧ソ連・東欧地域の非スラヴ国については、ハンガリーはカトリック教会を、グルジア、ルーマニア、モルドヴァは東方正教会を受け入れた。また、世界で初めてキリスト教を国教としたアルメニアの教会は正教会ではないが、東方教会に分類されるアルメニア教会である。

【増補版追記】「マケドニア」という国名をめぐっては、ギリシアとの間で呼称問題が発生し、二〇一九年より「北マケドニア」と国名を変更した。

スラヴの言語とキュリロス

言語は人間を人間たらしめている最も重要なもののひとつである。それでは、スラヴ世界ではどのような言語が使用されているのだろうか。

スラヴ民族の言語は、前にも触れたように、言語学的に分類すると、インド＝ヨーロッパ語族のスラヴ語派に属する。この語派は民族と同様、東、西、南の三つのグループに、すなわち東スラヴ諸語、西スラヴ諸語、南スラヴ諸語に分かれる。スラヴ諸語は緊密な近親関係を保っていることで知られており、印欧語の古風な文法構造を比較的よく保持しているとされる。

スラヴ語の特徴に簡単に触れてみよう。スラヴ語は類型論的には屈折的タイプに属し、名詞類はその語の文中での役割を示す格に応じて語形変化する。性は男性、女性、中性の三つ、数も単数、複数、双数（二個あるいは一対のものを表す数）の三つがある。しかし、時代の経過とともに格を失ったり、双数を失ったりする言語が出てきた。例えば、ブルガリア語とマケドニア語は格変化そのものを失い、また、現在のスラヴ語で双数を保っているのはスロヴェニア語とソルブ語（ドイツ南東部のシュプレー川上流域で話されている西スラヴ諸語に属する言語）だけである。動詞は「体（アスペクト）」のカテゴリーが大きな特色で、動詞の完結性を表す完了体とそれを表示しない不完了体の二系列からなっている。

ところで、スラヴ諸語は緊密な近親関係を保持していると述べたが、それはすべてのスラヴ語がそこから分かれ出たに相違ないと推定されるスラヴ祖語が、形成され出した紀元前二〇〇〇年頃から最終的に個々のスラヴ語に分裂して崩壊するまでのおよそ三〇〇〇年という長い年月の間、統一を保っていたからである。共通祖語の時代の方が個々の言語の歴史よりも長いのだ。しかし、このスラヴ祖語は学問的に再構築したもので、この言語で書かれた文献は存在しない。スラヴ民族が書き記すための文字と文章語を手にするのは遅かった。それはキュリロスというひとりの宣教師の登場まで待たなければならなかったのである。

八六二年、大モラヴィア国（現在のチェコとスロヴァキアあたり）のロスチスラフ王はドイツ人による布教活動に対抗するため、ビザンティン帝国の皇帝に親書を送り、宣教師の派遣を要請した。この大任を果たすべく選ばれたのが、キュリロス（八二六／八二七〜八六九、なおキュリロスは修道名で、本名はコンスタンティノス）とその兄のメトディオス（八一五頃〜八八五）だった。

この二人の兄弟はテッサロニケ生まれのギリシア人で、翌八六三年にはモラヴィアに赴

古いキリル文字と挿絵でロシアにおけるキリスト教の受容の様子を物語る『ラジヴィル年代記』（13 世紀）

スラヴ民族に文字と文章語をもたらしたキュリロス（右）とその兄メトディオスのイコン。二人は聖人に叙されている

く。当時スラヴ人は自分たちの言語のための文字を持っていなかった。そこで、キュリロスがスラヴ人への布教のためにスラヴ世界最初の文字、グラゴール文字を考案するのである。グラゴール文字はスラヴ語の正しい観察に基づく、原則として一文字一音のアルファベットの文字体系である。

キュリロス兄弟はこの文字を用いて聖書や典礼をスラヴ語に翻訳し、布教活動に努めた。翻訳に用いた言語はマケドニアの方言を基礎としていたが、それは兄弟の出身地であるテッサロニケあたりにはこの言葉を話す多くのスラヴ人が進出していたからである。こうして教会スラヴ語と呼ばれる文章語が成立するのだが、この言語は言語分化の遅かったスラヴ世界では、どこでも理解可能な共通語となった（ちなみに、マケドニアは当時のブルガリアの一部であったので、この言語はブルガリアでは「古代ブルガリア語」と呼ばれている）。非常に古い特徴を保っているこの言語は言語学的にもとても重要で、比較言語学ではスラヴ祖語の代わりに用いられる。

一方、文字の方だが、九世紀末にはグラゴール文字と並んで、現在でも用いられているキリル文字が使用されるようになった。キリル文字という名称は、キュリロスのスラヴ名キリルからつけられたものである（ただし、キュリロス自身が作ったのは、上でも述べたように、キリル文字ではなく、グラゴール文字）。これらの文字と言語で書かれたものの多くは宗教文献だが、それらが持つ意義は宗教をはるかに超えていた。それらはスラヴ文化全体にはかり知れない重要性を持ったのである。文字と文章語が文化を前進させる大きな推進力であることに間違いはないのだから。

　スラヴ民族はキュリロス兄弟のおかげで、それまで知らなかった文字と文章語を一挙に獲得することができた。スラヴ民族に多大な貢献をなした彼らは、現在でもスラヴ世界で篤く崇敬されており、多くの国々で彼らの記念日が設けられている。ブルガリアやチェコなどでは、それが国民の祝日になっているほどだ。また、彼らは「スラヴ人の使徒」と称せられ、正教会からもカトリック教会からも聖人に列せられている。

　ちなみに、このように偉大なキュリロス兄弟だが、彼らのモラヴィア布教は失敗に終わり、チェコやスロヴァキアはキリル文字を使用する東方正教圏とはならなかった。また、スラヴ世界でそうならなかったのがこの二つの国に限ったわけでないのも、前節で述べたとおりである。

第１章　東スラヴの世界

ロシア人の民族性

「ロシアはどんな国だと思いますか？」――こうした問いを投げかけると、たいてい「寒い」「広い」といった答えが返ってくる。これに「暗い」「怖い」といった答えが加わることもあるが、こうした答えは四〇歳以降の、ソ連という国があったことをその人生において実体験として知っている人に多い。若い人たちにとって、「ソ連」というのはすでに「清」や「プロイセン」などと同じような歴史上の国なので、「暗い」とか「怖い」とか答える人が少なくなったのだろう。

ただ、これも喜んではいられない。ソ連時代を知っている年代と比べると、若い人たちはそもそもロシアに対して特に強いイメージを抱かなくなっているからだ。世界におけるロシアのプレゼンスが、ソ連時代と比べて低下してしまったからだろう。また、最近では資源大国ロシアを反映して、「石油や天然ガスで大もうけしている国」という答えも多くなってきた。

ロシアに対してどのようなイメージを抱くのであれ、ロシアはやはり、「謎の国」だと考えている人は多い。それは日本人に限ったことではない。そこで、「謎の国」を解き明かす手がかりとして、ロシア人の民族性を取り上げてみたい。もっとも、ひとつの民族の特徴を一般化するのは危険なことであり、またそれは時代や論じる人のイデオロギー（あるいは先入観）によっても異なってくる。そうしたことを踏まえつつ、論を進めてみよう。

ロシアが初めて統一国家キエフ・ルーシを成立させたのは八八二年のことだが、それ以降一一世紀余に及ぶロシアの歴史を通観してみると、それは連続というよりもむしろ断絶の歴史であった。例えば、一三世紀半ばのキエフ・ルーシの崩壊、その頃からおよそ二世紀半に及ぶ「タタールのくびき」という異民族の支配、一六世紀末のリューリク朝の断絶とその後に続く大動乱の時代、一七世紀末から始まる徹底的な西欧化を目指したピョートル大帝の改革、そして、二〇世紀初頭のロシア革命による社会主義国家の成立と、同世紀末のソ連の崩壊、といった具合だ。

こうした断絶の歴史と連関しているように、ロシア人はしばしば「極端から極端に走る民族」だと言われる。ロシアの哲学者ベルジャーエフも「ロシア人は二極性の民族である」

ツァーリ専制を確立したイヴァン雷帝（在位 1533 ～ 84)。激しい気性の持ち主だったという

モスクワ・赤の広場のヴァシーリー聖堂。異なる様式が見事なアンサンブルを見せるさまはロシア的性格の象徴と言えるかもしれない

と言い、イギリスの歴史家トインビーもロシアの基本的な特徴を「矛盾」としている。そして、そうした「極端から極端に走る」性格に影響してきたのは、ロシアの厳しい気候と農民としての暮らしだ。

ロシア人はもともと農耕民族だった。農民はどこの国だろうと、農繁期と農閑期とでは仕事の量がまったく異なるが、春の訪れが遅く、冬の到来が早いロシアでは、他の国と比べて、農作業のできる期間が圧倒的に短い。この短い期間に、畑起こしから収穫までの農作業を集中して行わなければならない。そして、収穫が終われば、ロシアの農民はかつては長い冬を「イズバー」と呼ばれる百姓小屋で無為と怠惰の中で過ごしていたのだ。短期間の集中とその後に続く怠惰、こうした一年を通した生活サイクルがロシア人の性格に影響を及ぼし、彼らを極端から極端に走る民族へとつくり上げたのである。ロシア文学には理想に燃えていたが、それがついえて怠惰な生活を送る人物がしばしば登場するが、そうした人物もこうした性格の現われだろう。

また、自由と専制君主に関する考え方にも、「極端から極端に走る」というロシア人の民族性が現われているようだ。美術史家のヴェイドレはロシアの典型的な風景である見渡す限りの大平原こそが自由を感じさせるものであると言っているが、ロシア人は普段目にしている風景から自由に憧れる気持ちを育んできたのである。「自由の民」コサックを生み出したのにも、そうした心情が大きく作用したのだ。さらに、自由に憧れすぎると、それはアナーキーな性格を帯びていく。ロシアの農民にはアナーキーなところが見られるし、また、アナーキズムの代表的思想家バクーニンがロシア人であるのも偶然ではないだろう。

このように自由に憧れる一方で、ロシア人は強力な専制君主を求めてもきたのだから、たしかに矛盾しているし、不思議でもある。だが、ロシアのような広大な多民族国家を統治できるのは強力な専制君主のみであるという考えが、伝統的に根強いのだ。ロシアでは イヴァン雷帝のような強い権力を誇った君主の人気が高いし、スターリンの信奉者は現在でも多数存在する。最近では翳りが見えてきたが、少し前までのプーチン人気も、ロシア人のそうした気質に由来しているところがあるのだろう。自由はけっこうだが、それは危険なものでもある。それをコントロールし、抑えてもらいたいという気持ちが働くのかもしれない。

極端から極端に走り、矛盾をかかえた民族、ロシア人。結局、ロシア人を論じる際にしばしば引用される「知もてロシアは解し得ず／並みの尺度では測り得ぬ／そは特別の姿を持てばなり――／ロシアはひたぶるに信ずるのみ」というチュッチェフの詩が、彼らの民族性をもっともよく表しているのかもしれない（ロシアを信じるか、信じないかは別問題だが）。

西欧か、ロシアか
——ロシア人の心理的コンプレックス——

中心に位置しない者は中心に憧れ、同時にそこに反撥を感じる。こうした複雑な心理的コンプレックスは日本人の場合でも、ロシア人の場合でも同じだ。

近代化の遅れたロシアでは、世界の中心として絶えず西欧を意識してきた。憧憬と反撥が入り混じったその態度から、現在のロシアにまで引き継がれている二大思想潮流が生まれてきた。

それが生まれるきっかけとなったのは、チャアダーエフという思想家の『哲学書簡』という著作だった。八編からなるこの著作は一八二九年から三一年にかけてフランス語で書かれたものだが、発表されたのは一八三六年で、その第一書簡がロシア語に翻訳されて雑誌に掲載されたのである。西欧とロシアの根本的な相違を宗教と歴史の中に求めたチャアダーエフの主張は衝撃的だった。彼はローマの教会によってひとつに結びつけられた西欧の歩みを歴史発展の普遍的な方向とみなし、一方、正教のロシアをキリスト教世界の孤児と断じて、その過去と現在を徹底的に批判し、未来をも全否定したのである。チャアダーエフはこの著作によってニコライ一世から公に「狂人」と宣告され、執筆を禁じられるが、ロシアの思想界ではこの著作をめぐって一大論争が巻き起こった。その結果、一八四〇年代半ば頃までに、「西欧派」と「スラヴ派」というロシア思想を二分する潮流が明確に姿を現わすのである。

西欧派は西欧的価値観に普遍的意味を認め、ロシアの西欧化を目指すが、それに対し、スラヴ派はロシア正教を基盤とした精神的共同体の回復にロシアの未来を託した。この二つの思潮の違いは、大帝と称されるピョートル一世（在位一六八二～一七二五）の改革に対する評価に最も端的に現われている。ピョートル大帝は西欧文明や技術を積極的に導入し、政治・宗教・教育などの社会の枠組みから服装・社交などの生活スタイルにいたるまで、ロシアを徹底的に西欧化することを目指した。その象徴が、「ヨーロッパへの窓」として建設された新首都サンクト・ペテルブルクである。西欧派はこのピョートルの改革を肯定し、その継承発展を主張した。

一方、スラヴ派はピョートルの改革は本来のロシアの姿を破壊したものだと否定し、ピョートル以前のロシアに立ち返り、それによって社会の一体性と人格の全一性を回復しようと主張した。一見、単なる復古主義のように見えるかもしれないが、この思潮が持つ反西欧・反近代・反合理主義といったモチーフは、後にニーチェなどが取り組むことになる西欧の自己批判の思想を先取りするものでもある。

一九世紀中頃に生まれたこうした二大思潮は、ソ連時代にも、そして現在のロシアにも脈々と受け継がれている。ソ連時代の反体制知識人の中には、西側世界の価値観を移入しようとした西欧派の流れを汲む人々も、正教の復活を目指したソルジェニーツィンのようなスラヴ派の流れを汲む人々もいた。また、ソ連末期のペレストロイカの活動家の中には西欧派的な人が多く、ソ連消滅後の「大国ロシア」の復活を目指す人々の中にはスラヴ派的な人が多いようだ。

とはいえ、この二つの思潮は明確な形で現われるとは限らない。むしろ、一人の人間の中に二つが複雑にからみ合っていることの方が多い。例えば、ロシア独特の革命思想ナロードニキの始祖とされるゲルツェンは西欧派の思想家だが、その革命思想はロシア伝統の農村共同体を基盤にするものなのである。西欧（二〇世紀になるとここにアメリカも入ってくるが）に憧れつつ、ロシア的なものから離れようとしない、――こうした態度はロシア人にしばしば見受けられる。ロシア人がロシア的なものに対して抱くこだわりは強いのだ。ノスタルジーという誰しもが抱く感情を例にみてみよう。

故郷を離れれば、誰でも望郷の念を感じるものだが、ロシア人の場合、それは他の民族よりも強いと言われる。映画監督タルコフスキーはその名も『ノスタルジア』（一九八三）という映画で、母国を離れたロシア人のロシアに対する郷愁をつづったが、彼は外国人に

ロシア第２の都市、サンクト・ペテルブルク。フィンランド湾に面し、運河が縦横に走るこの町は、まさに“水の都”だ

ピョートル大帝が建てたペテルブルク近郊のペトロドヴォレツ。18世紀以降、ロシアでは西欧風の壮麗な宮殿が数多く造られた

対してロシア人のノスタルジーは「死に至る病」であるとさえ述べている。亡命し、ロシア語を捨て、英語で執筆するようになったナボコフの作品にも、『セバスチャン・ナイトの真実の生涯』（一九四一）などを読めば分かるように、ロシアへのノスタルジーが満ち溢れている。亡命詩人ブロツキーも『ヴェネツィア――水の迷宮の夢』（一九九二）で、ヴェネツィアという異国の街を通して故郷レニングラード（現サンクト・ペテルブルク）を感じようとするせつない心を描いている。サンクト・ペテルブルクは「北のヴェネツィア」とも呼ばれ、運河が縦横に走る、ヴェネツィアと同じ「水の都」なのだ。

西欧か、ロシアか、――この二つのベクトルは人によって、また時代によって方向を変えながら、ロシア人の心の中で揺れ動いているのである。この心理的コンプレックスは、明治維新や第二次世界大戦後、欧米をモデルに国づくりを進めてきた日本人のそれと相通じるものがあるように思われる。

ユーラシア主義
――古くて新しいロシアの自己認識――

ロシアをめぐっては、「ヨーロッパかアジアか」という問題が古くから議論されてきた。しかし、二者択一的なこうした問題設定を否定し、「ロシアはヨーロッパでもアジアでもない、〝ユーラシア〟という独自な世界である」と主張する思想潮流が存在した。それは一九二〇年代から三〇年代にかけて、亡命ロシア人たちによって展開されたユーラシア主義と呼ばれる運動である。

ユーラシア主義の始まりは、一九二一年の論集『東方への脱出』であるとされる。この論集は当時亡命ロシア人のコミュニティが存在したブルガリアのソフィアで出版されたもので、ニコライ・トルベツコイやピョートル・サヴィツキーといったこの潮流の代表的思想家が寄稿している。論集のタイトル自体、彼らの思想を象徴的に伝えている。反西欧の立場に立つ彼らはロシアと西欧の異質性を強調し、東方正教会の精神を重視する。そうした意味で、ユーラシア主義はスラヴ派の系譜につながると言えるが、しかし彼らは、スラヴ派のように、ピョートル以前のロシアに戻ろうと主張するのではない。ユーラシア主義者はロシアの中にある東、つまりアジアに目を向け、そしてそのアジア性を肯定的に評価するのである。それはアジア性を「後進性」や「野蛮さ」と同一視してきたそれまでのロシア知識人の見方とは、明確に異なるものだった。

彼らによれば、ユーラシアの地はロシア人だけでなく、チュルク系やモンゴル系など様々な民族がその歴史を織りなしてきた、地理的にも歴史的にも一体性を持つ独自の世界である。西欧文明は民族文化の多様性を破壊し、単一の文化を創造しようとするが、ロシア文化はそうではない。ロシアが位置するユーラシアの地はヨーロッパやアジアの様々な文化が入り込み、そして相互浸透する場なのだ。この多様性と一体性こそがユーラシアたるロシアの特質なのである。

ところで、ロシア革命によって亡命者となったユーラシア主義者たちは当然、革命政権に対して否定的態度を取った。反西欧の彼らは西欧起源の共産主義思想をユーラシアたるロシアに導入したのは誤りであるとして、非難したのである。だが、ソ連が成立し、国際的にも承認されていくという現実を前にして、徐々にその政権を認めるようになっていった。そうして、彼らはロシア革命やソ連の成立を西欧とは異なるユーラシアたるロシアの再生に必要な一過程ととらえるようになっていったのである。

ユーラシア主義は思想だけでなく政治運動としても展開したが、実際的な影響力を持つことのないまま、一九三〇年代には消滅した。その後も特に大きな関心を惹いてきたわけ

ソフィアの街並み。ロシア革命後、ロシア人亡命者のコミュニティがあり、ユーラシア主義もここで生まれた

ユーラシア主義の創始者と評されるニコライ・トルベツコイ（1890 ～ 1938）。彼は著名な言語学者でもある

ではなく、ソ連国内では亡命者のこの思想はソ連末期までまともに取り上げられることはなかった。

ところが、ソ連が崩壊する一九九〇年代になると、彼らの思想はにわかに注目を浴びるようになる。前世紀のユーラシア主義がロシア帝国の崩壊後に現れたのと同様、ソ連崩壊によって生じたアイデンティティの空白を埋めるために、再びユーラシア主義を提唱する人々が現れてきたのである。

ユーラシア主義復活の先鞭をつけたのは、歴史家で民族学者のレフ・グミリョーフである。二〇世紀ロシアの代表的詩人ニコライ・グミリョーフとアンナ・アフマートワの息子である彼は独特なエトノス論を展開し、その中でロシアのユーラシア性を強調した。彼以降、ネオ・ユーラシア主義者と称される人々が続々と登場し、思想界だけでなく政界でも一定の勢力を誇るようになった。しかし、「ヨーロッパでもアジアでもないロシア」は、「ヨーロッパもアジアも包摂するロシア」と転化し、この思想が拡張主義のロシア・ナショナリズムと同義となっている場合も目につく。例えば、現在の代表的なネオ・ユーラシア主義者アレクサンドル・ドゥーギンはまさしくそうした人物である。

さらに近年、ユーラシア連合という構想が実現に向けて動き出している。これは二〇一一年一〇月のプーチン首相（当時）の発言で注目されるようになったもので、旧ソ連諸国の経済的統合を目指す、旧ソ連版EUといったものである。プーチンはユーラシア連合は「ヨーロッパとアジア太平洋地域を結ぶ絆」としての新たな連合体であると述べているが、単なる経済的連合ではなく、その先も見越しているようである。そのため、欧米諸国からはソ連邦の復活、ロシア帝国主義の再興という危惧の声が出ている。現在はロシア、ベラルーシ、カザフスタンの三カ国が中心に進んでいるが、この構想に賛同する旧ソ連諸国は増えている。二〇一五年一月一日までに、ユーラシア連合に関する包括条約が署名される見通しになっている。

ユーラシア主義はヨーロッパとアジアにまたがるいかにもロシアらしい思想と言えるかもしれない。だが果たして、ロシアはユーラシア主義者たちが考えたような一体性と多様性を兼ね備えた国家になることができるのだろうか。それともユーラシア主義者たちの理念は結局、亡命者たちの思い描いたあだ花にすぎないのだろうか。

カフカス
――鎮静化しない新たな〝火薬庫〟――

ギリシア神話のプロメテウスが人類に火をもたらした罰として縛りつけられた山があり、アルゴー船が金羊毛を求めて旅した王国があったというカフカス。黒海とカスピ海に挟まれた決して広くはない領域にきわめて多様な民族が混住するこの地域は、ソ連崩壊後、紛争やテロが頻発する新たな〝火薬庫〟となってしまった。

カフカスの中央には、ヨーロッパ最高峰のエリブルス山（標高五六四二メートル）やカズベク山（標高五〇三三メートル）などを有するカフカス山脈が走っている。カフカスはこの山脈を境に北カフカスと南カフカスに分かれる。ソ連から分離独立したグルジア、アゼルバイジャン、アルメニアの三カ国が位置するのが南カフカスで、ザカフカス（「カフカス山脈の向こう側」の意）とも呼ばれる。

一方、北カフカスはロシア連邦領であり、連邦構成主体であるクラスノダルとスタヴロポリの二つの地方と、北オセチア、チェチェン、ダゲスタンなどの七つの共和国から成る。〝火薬庫〟のイメージが強いのは、この北カフカスである（ちなみに、二〇一四年の冬季オリンピック開催地ソチはクラスノダル地方に位置する）。

現在、カフカス、特に北カフカスには多くのロシア人が住んでいる。しかし、カフカスは本来、ロシア人やスラヴ民族の地ではない。ロシア人は北からカフカスに進出し、カフカスを植民地としていったのだ。

ロシアによる本格的なカフカス進出は、ピョートル大帝時代の一八世紀初めに始まる。近代化の遅れたロシアは海外に植民地を獲得することはなかったが、陸続きの広大な土地を東と南に進んで行って、その領土を拡大していった。一六世紀後半からシベリアへ進出し、一八世紀初めからカフカスと中央アジアへ本格的に進出し始めるのである。現在の北オセチア共和国の首都ウラジカフカスはその名称自体、ロシアによるカフカス征服の意図を象徴的に表している。この都市は一七八四年に建設された同名の要塞が起源だが、それは「カフカスを支配する」という意味に由来するのである。

こうしてロシアはカフカスを支配していくが、それは北から南に順序良く進んだわけではなかった。南カフカスの方が先行した。一九世紀初頭から、グルジア、アゼルバイジャン、アルメニアと、漸次、ロシアに併合されていくのである。ここには、グルジアとアルメニアがキリスト教国であるという要因も働いていた。

北カフカスでも徐々にロシアの版図は拡大したが、しかし、完全制圧は容易ではなかった。山岳部でカフカス諸語やチュルク諸語の山岳諸民族が頑強に抵抗したのである。この

ロシアの詩人ミハイル・レールモントフが描いたカフカスの風景（1837年）。彼はカフカスでの決闘で命を落とした

カフカス山脈の山並み。帝政ロシア時代、カフカスの山岳諸民族は山奥に逃げ込みながら、ロシア支配に徹底的に抗戦した

一八一七年から六四年まで続く、長く熾烈な戦いは「カフカス戦争」と呼ばれている。この戦いは宗教的性格も帯びていた。山岳諸民族の多くはイスラム教徒であり、それも、異教徒に対する聖戦を唱えるミュリディズムという宗派が主力をなしていたのである。彼らはイマームと呼ばれる宗教的指導者の下、ロシアに対して徹底的に抗戦した。こうした自由と独立を尊ぶカフカス人の姿はプーシキン、レールモントフ、トルストイといった作家たちによっても描かれ、カフカスは一九世紀ロシア文学において重要な舞台となった。

ところで、ロシア人はカフカスを、地理的には南に位置するのに、「南方」ではなく、「東方」と呼んできた。ロシア人にとって、カフカスは同じ植民地のシベリアや中央アジアと同様、「東方」であり、未開で野蛮な「アジア」であったのである。こうした見方には、植民地主義の典型的なイデオロギーが明白に表れている。つまり、文明化された民族が遅れた地域に進出するのは歴史的必然で、それは正当な行為である、なぜなら、未開の民族に文明という光をもたらすのだから、という考え方である。

未開で野蛮な「東方」の住人であるカフカス人にはさらに、「凶悪」「略奪」といったイメージも加わっていった。マイナスイメージが増幅するほど、彼らはロシア支配に対して頑強に抵抗したのである。そして、そうしたイメージは現代ロシアにも根強く引き継がれている。カフカスの人々は凶悪で、盗みを働き、犯罪者組織とつながっていると考えているロシア人は現在でも多いのだ。それがカフカスの人々に対する差別や暴行事件の心理的背景になっている。

ロシアでは二〇一〇年一月、大統領の全権代表が管轄する国内八番目の連邦管区として、スタヴロポリ地方と六つの共和国から成る「北カフカス連邦管区」が創設された。そこには、中央直結による経済底上げで、「危険地帯」というマイナスイメージを払拭しようとするねらいがあった。それだけに、同年三月末にモスクワの地下鉄で起きたテロ事件は、ロシア政府にとって大きな打撃だった。

カフカスという〝火薬庫〟はロシアの、さらには世界の安全保障の脅威であり続けている。プーチン政権はカフカスという難題にどう対処していくのであろうか。前回の大統領時代にはかなり強硬な姿勢で臨んでいたが、今回も同じような態度をとり続けるのだろうか。テロはこれからも繰り返されるのだろうか。〝火薬庫〟の鎮静化を願うばかりである。

ロシアの石油産業とノーベル家

ダイナマイトを発明し、ノーベル賞を創設したアルフレッド・ノーベル、――彼の名を耳にしたことのない人は、まずいないだろう。だが、彼の兄たちがロシアを世界有数の石油国にしたことを知る人はあまりいないのではないだろうか。

ノーベル家とロシアとのつながりは、アルフレッドの父イマヌエルが故国スウェーデンでの事業に失敗し、新たなチャンスを求めて一八三七年にロシアにやって来たことから始まる。それは家族を残しての、背水の陣でのロシア行きだった。その決断は実を結んだ。彼は自ら発明した水中火薬をロシア海軍に売り込むことに成功し、一八四二年には妻とロベルト、ルードヴィク、アルフレッドの三人の息子をロシアに呼び寄せることができたのである。未来のダイナマイト王アルフレッドも少年時代をロシアで過ごしているのだ。

その後、イマヌエルの事業はクリミア戦争で軍から大量の受注を受けるなどして、順調に展開していく。しかし戦争が終わった一八五〇年代後半には、軍需の落ち込みとロシア国内の不況とで事業は傾き始め、一八五九年に彼はとうとう破産してしまうのである。

父イマヌエルが道半ばで挫折したロシアでの成功の夢を引き継いだのは、次男ルードヴィクだった。彼はわずかな資金を元手に機械工場を始めるが、一八六〇年代のロシアの

20 世紀初頭のバクーの油田の様子。ロシアの近代石油産業はこの地から始まった

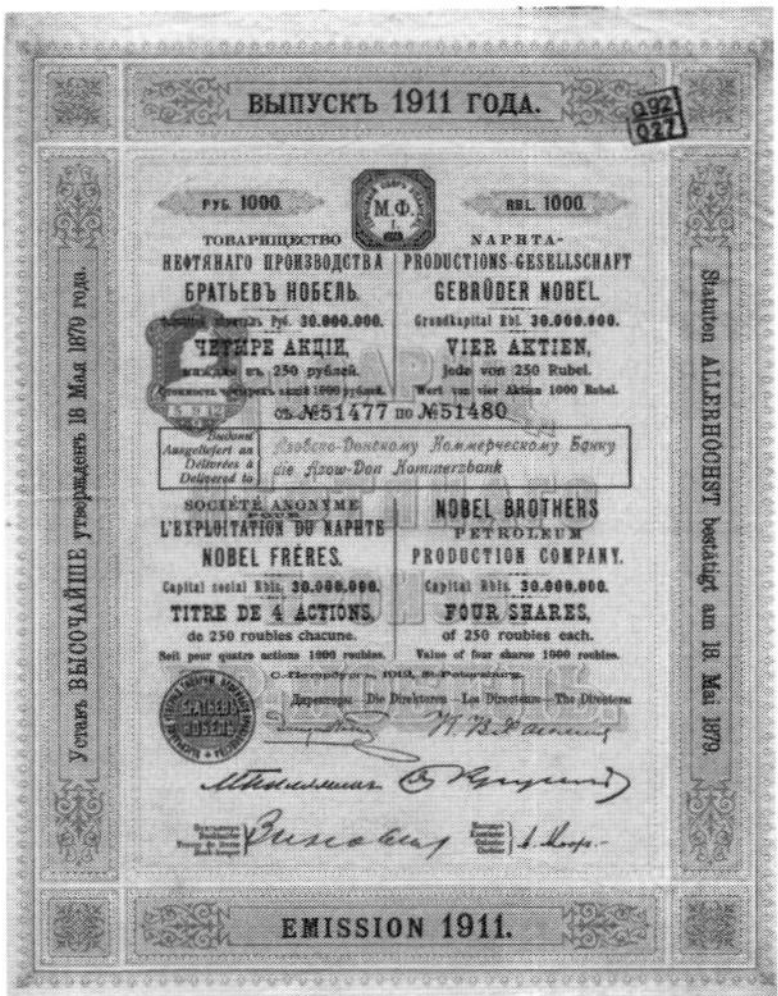

1911 年に発行されたノーベル兄弟石油生産会社の有価証券。国際的な企業らしく、露・独・仏・英の４ヵ国語で記されている

改革の波に乗って大成功を収めるのである。彼の工場はロシア最大の砲架製造工場に成長し、小銃や馬車の部品も製造してロシアの市場を席捲した。そして、一八七〇年代には石油業にも乗り出すのだが、ロシアの石油にかかわったのはノーベル兄弟の中で彼が最初ではなかった。石油業に最初に乗り出すのは、ノーベル家の長男ロベルトである。

ロベルトは優秀な化学者ではあったが、実務には向かなかったようで、数々の事業に手を出しては失敗を繰り返していた。そんな兄をルードヴィクは一八七〇年に自分の会社に迎え入れた。一八七三年、ロベルトはルードヴィクに頼まれて、ライフル銃の銃床の用材の調査と買い付けのためにカスピ海の港町バクーに赴いた。この町で、ロベルトは銃床のことなど忘れてしまうほど、魅力的なものに出会った。それは石油である。

現在はアゼルバイジャンの首都であるバクーは古くから石油の町として知られていた。九世紀にはすでに手掘りによる採油が行われていたという。バクーがロシア領になるのは一九世紀初頭のことだが、バクーこそがロシアの近代石油産業の始まりの地なのである。一八七二年に産油地独占賃貸制が廃止されると、バクーの油田には新たな資本と技術が次々に入り込んだ。その結果、バクーの石油産業は短期間に飛躍的な発展を遂げ、二〇世紀初頭には全世界の産油量の半分を占めるようになるのである。

さて、石油にすっかり魅せられたロベルトはルードヴィクの許可も得ずに、預かっていた銃床用材の買い付け金をすべてつぎ込んで油田区画を買った。化学者である彼は石油精製技術の研究に取りかかり、一八七五年にはルードヴィクの資金援助で新たな製油所の操業を開始し、バクー産石油の品質を向上させることに成功した。

ルードヴィクも兄の成功の知らせを聞き、またバクーの石油業の活況を知るに及んで、一八七六年に初めてこの町を訪れた。彼もまた石油の将来に確信を持ち、自ら石油業に乗り出すことにした。この事業でも彼の経営者かつ技術者としての才能が遺憾なく発揮された。当時は石油の輸送が最大の問題点だったが、一八七八年には世界最初の石油タンカー「ゾロアスター号」を建造し、鉄道輸送用の石油タンク車も独自に開発し、輸送網と販売網を確立した。また、一八八七年にはロシアで最初の石油パイプラインを建設している。石油の採掘および精製でも、バクー油田で最初に深層掘井法を導入し、さらに一八八二年には世界で最初に連続蒸留法を導入した。こうした様々な画期的な施策によって、「ノーベル兄弟石油生産会社」（一八七九年設立）は石油の採掘・精製・輸送・販売の全部門に渡るロシアでトップの、そして世界有数の総合石油会社となるのである。

ルードヴィクは一八八八年にこの世を去るが、その後もノーベル社は彼の息子エマヌエルの下で順調に事業を発展させ、二〇世紀初頭には全世界の石油生産の一割近くを占めるまでになった。ロシア全体の産油量も拡大し続け、一八九八年にはついにアメリカを抜い

て、世界一の産油国になるのである。※

しかし、このノーベル家の栄光もロシア革命によって断ち切られる。エマヌエルは一九二一年にロシアからスウェーデンに去り、一九三二年に亡くなった。スウェーデンに移ったノーベル社も一九五九年に正式に解散する。「ロシアのロックフェラー」と呼ばれることもあるルードヴィクはこうした経緯を、そして石油で活況を呈す現在のロシアをどのように見ているのであろうか。

※現在、ロシアは原油生産量でサウジアラビアと世界一の座を争っている。二〇〇九、一〇年と世界一だったが、二〇一一年は一日あたりの原油生産量が一〇二八万バレルで、サウジアラビアに次ぎ世界二位だった（BP社調べ）。

【増補版追記】近年では、ロシアは原油生産量で世界三位となっている（二〇二〇年の生産量は一日あたり一〇六七万バレル）。

ウクライナ

——自由と独立を求めて——

ヨーロッパにおいて、ロシアに次ぐ面積を有する国、ウクライナ。この国がようやく独立を果たすのは一九九一年のことだが、そこにいたるまでのこの国の歴史は苦難の連続であった。二〇世紀に入るまで隣国のポーランドやロシアに支配され続け、二〇世紀になってからもロシア革命時の国内戦や第二次世界大戦で激戦の地となり、甚大な被害を被った。

ウクライナにはかつて東スラヴ族最初の統一国家キエフ・ルーシがあったが、この国が一三世紀前半に滅んで以降、全ウクライナ的な独立国家は二〇世紀末にいたるまで現われることはなかった。しかし、自由を求め、独立国を建設しようとする動きがなかったわけではない。それを推し進めたのが、「自由の民」コサックである。

コサック(ウクライナ語でкозак《コザーク》、ロシア語ではказак《カザーク》)の語源は、「自由な独立した人、冒険者、放浪者」を意味するチュルク語の言葉にあるとされる。この語源の通り、農奴制を嫌って逃亡した農民や自由を求めて社会から逃れてきた人々が、コサックとなるのである。彼らはドン、ヴォルガ、ドニエプルなどの大河の流域に独自の社会を築いていった。

このうち、ポーランドやリトアニアからドニエプル川流域に逃亡し、一五世紀から一六世紀にかけて形成されたのがウクライナ・コサックである。

　彼らの根拠地となったのは、一五五〇年頃にドニエプル川の中州のホルティッァ島に築かれた要塞だった。この根拠地は「シーチ（本営）」と呼ばれ、ここに結集したコサックたちはウクライナ・コサックの中でもドニエプル・コサック、あるいはザポロージエ・コサックと呼ばれるようになった。ザポロージエとは「早瀬の向こう」という意味である。

　このコサックたちによって、一七世紀中頃にウクライナの地に国が築かれたのである。それはこの頃ウクライナを支配していたポーランドに対して反乱を起こしたボグダン・フメリニツキーをヘトマン（「頭領」の意）とする、ウクライナ・コサックによるものだった。フメリニツキーはポーランドに対抗するため、コサックと同じ正教徒の国ロシアに協力を求め、ペレヤスラフ協定を結んだ。その結果、ウクライナ・コサックはロシアの宗主権を認める代わりに、自分たちの自治が認められることになったのである。フメリニツキーの乱によって成立した国家はヘトマン国家と呼ばれるが、こうして、完全に独立した国家ではないものの、自治国がウクライナの地に誕生したのである。

　さらに、ウクライナ・コサックによる独立を求める動きもあった。それはヘトマン国家成立から約半世紀後のイヴァン・マゼッパによる反乱である。当時、ドニエプル川左岸のウクライナはロシア領になっていたが、マゼッパはヘトマン国家の独立を目指し、かつて

ザポロージエ・ホルティツァ島からの眺め。流れているのはドニエプル川。ウクライナ・コサックはここを根拠地とした

ウクライナの首都キエフにあるフメリニツキー像。ヘトマン国家を築いた彼はウクライナの英雄である

は良好な関係にあったロシアのピョートル大帝に反旗をひるがえすのである。マゼッパはロシアと戦うために、当時ロシアが戦っていたスウェーデンのカール一二世と同盟を結んだ。しかし、マゼッパとカール一二世の同盟軍は一七〇九年のポルタヴァの戦いで敗れてしまい、ウクライナ独立の夢も砕け散ってしまうのである。その結果、コサックの自治はいっそう制限されるようになっていった。そして、エカチェリーナ二世時代の一七八三年にはヘトマン国家自体が消滅させられ、この地域は「小ロシア」と屈辱的な名前をつけられ、完全にロシアの一部となってしまうのである。

こうしてウクライナ・コサックによる独立の夢はついえた。しかし、自由と独立を求めたウクライナ・コサックの伝統をウクライナの人々は今も忘れない。フメリニツキーの像はキエフをはじめとした様々な町に建ち、マゼッパの肖像を印刷した紙幣もある。

ウクライナ・コサックによる独立の試みは失敗に終わったが、しかしマゼッパの反乱から二世紀以上経た後に、ウクライナがほんのつかの間ではあるが、独立国家を建設したことがある。ロシア革命の時代である。

一九一七年、二月革命が起こると、キエフに民族統一戦線としてウクライナ中央ラーダ（ラーダとはウクライナ語で「会議、評議会」の意）が結成された。中央ラーダは十月革命後の一一月に「ウクライナ人民共和国」の創設を宣言し、翌年一月にはこの国が完全に独立した主権国家であると宣言したのである。しかし、この国は長続きしなかった。四月にはドイツ軍の後押しするスコロパツキーのクーデタによって倒されてしまう。一二月にはディレクトーリア政府によってウクライナ人民共和国は復活するが、この政権がキエフにとどまっていられたのは三カ月にも満たなかった。

苦難の道を歩み、二〇世紀末にようやく独立を果たしたウクライナだが、その潜在力は高いという声が多い。科学技術の水準は高く、ソ連時代から工業国として知られていた。石油や天然ガスはほとんど生産されないものの、鉱物資源は豊かで、特に石炭や鉄鉱石は豊富な埋蔵量で知られている。また、ウクライナは肥沃な黒土地帯を有し、古くは「ヨーロッパのパンかご」と呼ばれていたほどの大穀倉地帯でもある。現在も穀物不足が叫ばれているが、ウクライナは将来の食糧危機を救う国のひとつであろうという予想もあるほどだ。ウクライナは今後どうなるのだろうか。注視する価値のある国ではないだろうか。

黒海とクリミア
――平和と繁栄の海へ――

ヨーロッパとアジアの交差点に浮かぶ内陸海、黒海。現在、黒海沿岸には左回りにロシア、ウクライナ、ルーマニア、ブルガリア、トルコ、グルジアの六カ国が位置しているが、そのうちの半分、すなわち北岸のロシアとウクライナ、西岸のブルガリアはスラヴの国である。しかし、スラヴ民族が黒海を領有するようになったのはそれほど古いことではない。この海は古来よりさまざまな民族が往来し、活動を繰り広げてきた。

エーゲ海、そして地中海へとつながる黒海は古くはギリシア人の海であった。ギリシア人は紀元前八世紀頃から黒海に進出し、トミス（現ルーマニアのコンスタンツァ）、オデッソス（現ブルガリアのヴァルナ）、ケルソネソス（現ウクライナのセヴァストーポリ）などの植民市を沿岸に次々と築き、活発な交易活動を行った。現在でも、黒海沿岸には古代ギリシアの遺跡が数多く残っているが、東スラヴ世界で古代ギリシアの遺跡が残るのはここだけである。

その中でも、古代ギリシアと特につながりが深かったのはクリミア半島だろう。この半島は黒海の北岸から南に突き出し、最も狭いところでは幅わずか七キロメートルのペレコープ地峡によって本土とつながっている。ここにはケルソネソスやテオドシア（現ウクライナのフェオドシヤ）といった植民市が建設され、さらには半島東端のパンティカパイオン（同ケルチ）を首都にして、黒海交易で大いに繁栄したボスポロス王国が紀元前五世紀に成立した。

ギリシア支配の後、クリミア半島はローマ帝国、モンゴル、オスマン帝国などの支配下に入り、ロシア帝国領となるのはようやく一八世紀後半のことである。一七六八～七四年の露土戦争で勝利したロシアは、クリミア半島に対するオスマン帝国の宗主権を奪い、そして一七八三年にこの半島を完全にロシア領とするのである。

クリミアは黒海の対岸にオスマンを臨み、さらにはバルカン半島へ進出しようとしていたので、ロシアにとって対外戦略上、重要な地となった。セヴァストーポリには軍港が築かれ、黒海艦隊の基地となるである。

クリミアは戦略上重要であっただけではない。交通網の発達とともに一九世紀後半からは保養地としても脚光を浴びるようになった。とりわけ温暖な地中海性気候の南岸地帯には、ロシアの皇族や貴族が夏を過ごす宮殿や別荘を建てるようになり、ロシア屈指のリゾート地となっていくのである。ミスホル、アルプカ、グルズフなど、数多くの保養地が形成されるが、なかでも有名なのがヤルタだろう。

セヴァストーポリに残る、ギリシアの植民市ケルソネソスの遺跡。セヴァストーポリは黒海艦隊の基地でもある

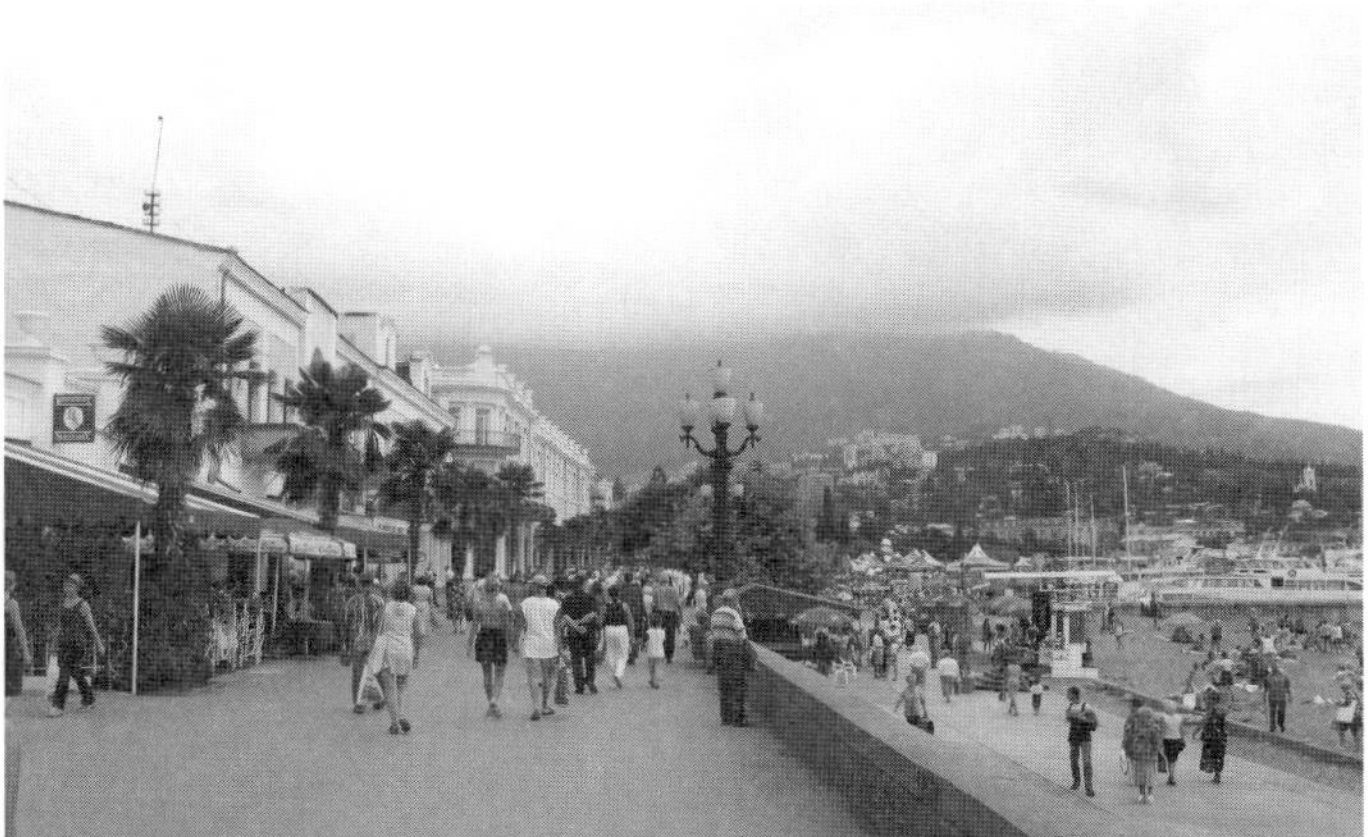

クリミア半島随一のリゾート都市ヤルタの海岸通り。チェーホフの短編「犬を連れた奥さん」の舞台ともなった

ヤルタは世界史にもその名をとどめている。第二次世界大戦末期、ここに米英ソ三カ国の首脳が集まり、戦後の国際秩序を決定することになるヤルタ会談が開かれたのである。会場となったのは、ヤルタ郊外にあるリヴァディヤ宮殿だったが、この宮殿はもともとニコライ二世が夏を過ごす離宮として一九一一年に建てさせたものである。ヤルタ近郊にはこの宮殿以外にも、マサンドラ宮殿やヴォロンツォフ宮殿などの豪奢な建造物が残っている。また、作家チェーホフが晩年を過ごした地としても知られている。

ところで、このクリミア半島だが、ここは現在もロシア領だと思っている人もいるのではないだろうか。だが、ここはウクライナの領土なのである。たしかにこの地は一八世紀末以降ロシア帝国領で、ソ連時代もその前半はウクライナではなく、ロシア領だった。また、住民もウクライナ人よりもロシア人が多数を占め、その状況は現在も変わっていない(六割程度がロシア人で、ウクライナ人は二五パーセント程度)。クリミアがウクライナ領となるのは一九五四年のことで、ウクライナがロシアの保護下に入ったペレヤスラフ協定三〇〇周年を記念して、ロシアからウクライナに移管されたのである。フルシチョフによる対ウクライナ融和政策の一環だったと言われている。

こうした経緯があるため、ソ連解体前後、クリミアの帰属をめぐってロシアとウクライナは対立した。ウクライナの独立後も、クリミアのウクライナからの分離独立やロシアへの統合運動が高まり、緊迫した空気が流れたこともあった。

現在もそうした動きがないわけではないが、最近では改善の方向に向かい出した両国関係を反映して、この半島でもウクライナとロシアの協力体制が見られるようになった。例えば、二〇一〇年四月、両国の大統領はロシアの黒海艦隊のクリミア駐留延長を取り決めたハリコフ合意を結んだが、その中に、クリミア半島の東端とロシアの間にあるケルチ海峡に橋を建設することも盛り込んだのである。

黒海をめぐってはさらに大きな国際協力体制も存在する。一九九二年に発足した黒海経済協力機構である。この機構は経済面を中心に、黒海が平和と繁栄の海となるよう相互に協力しようというものである。現在、黒海沿岸および近隣の一二カ国が加盟しているが、日本も二〇一〇年七月からこの機構の分野別対話パートナーとなっている。

黒海は本当に平和と繁栄の海になるのだろうか。今後の展開に注目したい。


【増補版追記】クリミアは二〇一四年にロシアに併合されたが、日本を含め、欧米諸国を中心に多くの国はこの併合を認めていない。

亡命
――スラヴ世界の歴史的特徴――

民族、宗教、政治、思想など、何らかの理由で祖国を追われ、国外で喪失感に苦しみながら暮らす亡命者。われわれ日本人には亡命という現象はほとんど縁がないが、複雑に民族が入り組み、歴史の荒波をくぐりぬけてきたスラヴ地域では、亡命は古くから顕著にみられた。

スラヴ地域での亡命の始まりは、一七世紀前半の大宗教戦争である三〇年戦争の時代に遡る。この時の決戦、プラハ西郊のビーラー・ホラの戦いでハプスブルク軍に敗れたチェコの新教徒貴族が大量に国外に亡命したのである。近代教育学の祖といわれるコメンスキーもこの時代に亡命し、生涯ヨーロッパ各国を流浪することになったのだった。以後、ロシアを除いた現在の中・東欧諸国では、ハプスブルク帝国、オスマン帝国、ロシアといった大国からの独立運動と関連して、亡命が相次いだ。例えば、ポーランドでは、一八世紀末のポーランド分割とその後の独立運動によって、大量の亡命者を生み出した。特に、ロシアからの独立を目指した一八三〇年の一一月蜂起の失敗から一八六三年の一月蜂起の失敗によって、ポーランド史上「大亡命」と呼ばれる時代が訪れ、一万人にものぼるポーランド人が国外に亡命するのである。

また、亡命者が祖国の独立運動に密接にかかわり、場合によってはそれをリードするということもよくみられた。上記のポーランドもそうだし、ブルガリアの場合もそうだった。オスマン帝国に支配されていたブルガリアの民族解放運動の頂点に位置づけられる一八七六年の四月蜂起を指導したのは、ブカレストに亡命していたブルガリア人たちだったのである。

独立を守っていた帝政ロシアでも、理由は異なるが、亡命は珍しい現象ではなかった。ロシアで亡命が目立ってくるのは一九世紀になってからだが、それは革命運動とかかわっていた。一九世紀ロシアの代表的革命家・思想家のゲルツェンやバクーニンも亡命し、客死している。ロシア革命を指導したレーニンやトロツキーも亡命経験者だ。

二〇世紀に入ると、スラヴ地域では、亡命は少なくなるどころか、より顕著になっていった。その原因は、ロシア革命と第二次世界大戦後の東欧諸国の社会主義化である。社会主義体制を受け入れない人々が西側に大量に亡命したのである。二〇世紀を通じて、亡命の波はやむことはなかった。例えば、チェコスロヴァキアでは、一九六八年の「プラハの春」後の「正常化」の時代に、文化人を中心に多くの亡命者が生まれた。現在、フランスに暮らしている作家のクンデラもこの時の亡命者だ。また、スラヴの国ではないが、旧東欧の

ウラジーミル・ナボコフの墓。彼は 1919 年にロシアから亡命し、欧米各国で暮らして、スイスで没した

1994 年、祖国ロシアに戻ってきたアレクサンドル・ソルジェニーツィン。彼は 1974 年に国外追放された

ハンガリーでは、一九五六年のハンガリー事件で、約二〇万人が亡命したという。

社会主義の母国、ソ連における亡命の状況をみてみよう。ソ連における亡命には、三つの波がある。第一次亡命はロシア革命直後の時代だ。ソヴィエト政権を受け入れずに亡命した人々は「白系ロシア人」と呼ばれるが、その数は二〇〇万人にのぼった。作家のブーニンやナボコフ、音楽家のストラヴィンスキーやラフマニノフ、画家のカンディンスキーやシャガール、哲学者のベルジャーエフやシェストフ、といったように、一流の芸術家や知識人が数多く含まれていたことにこの時代の亡命の大きな特色がある。

第二次亡命は第二次大戦中および直後の時代で、大戦中に捕虜になった人やドイツ軍に占領された地域の人々が亡命の中心だった。

第三次亡命は主に一九七〇年代で、自らの選択ではなく、当局による国外追放という形での亡命が目立つようになった。権力に屈従しない反体制知識人を中心に、続々と国外に追放されるのである。ともにノーベル文学賞の受賞者であるソルジェニーツィンとブロツキーが祖国を追われたのも、この時代だった。

このように、亡命はスラヴ地域の歴史に大きな刻印を残したが、二〇世紀末の社会主義体制崩壊を経た現在では、亡命はほぼなくなり、過去の現象となっている。また、体制転換後には、ソルジェニーツィンのように亡命地から祖国へ戻って来る者も現れた。

亡命は一般に政治的観点からとらえられることが多いが、一方で大きな文化的役割も担ってきた。亡命という現象によって、祖国、亡命先双方の文化が豊かになってきたのも事実なのである。祖国の文化は亡命者が得たものをフィードバックされることによって豊かになった。亡命地の文化もまた、亡命者がもたらしたものによって豊かにされた。日本も例外ではない。ロシア革命後、欧米と比べれば少ない数だが、日本にも白系ロシア人がやって来た。そして、例えば、日本人による西洋音楽の受容において、バイオリンの小野アンナ、指揮のメッテル、バレエのパヴロヴァ姉妹といった白系ロシア人は特筆すべき役割を果たしたのである。また、モロゾフやゴンチャロフといった洋菓子メーカーも白系ロシア人が創業したものであり、野球のスタルヒンも白系ロシア人の血を引いているのだ。

祖国を喪失する亡命は、間違いなく悲劇である。しかし、それが大きな文化的意義も持ってきたというのは、皮肉なことである。

第２章　西スラヴの世界

知られざる大国ポーランド

北はバルト海、南はカルパチア山脈を国境とするが、東西は見渡す限りの平原が続く、西スラヴ最大の国ポーランド。ポーランド（ポーランド語ではPolska《ポルスカ》）という国名自体、「野の国」「平原の国」という意味なのである。

平原に位置するこの国は、自然の障壁を持たないため、敵の侵略を容易にした。ポーランドはドイツ、ロシア、オーストリアなどさまざまな国の支配を受け、国家の消滅まで経験した。歴史上、多くの悲劇に見舞われてきたポーランドだが、この国がかつては中・東欧を代表する、そしてヨーロッパでも有数の大国であったことは、あまり知られていない。

ポーランドが国家として形成されるのは一〇世紀後半のことだが、大国として姿を現すのは、一三二〇年に分裂していた王国が再統一され、さらに一三八六年にリトアニア大公国と連合し、ヤギェウォ朝が開かれてからである。これ以降、ポーランド王国は発展し、その繁栄は一六世紀まで続く。その版図にはポーランドとリトアニアだけでなく、現在のウクライナ、ベラルーシ、そしてロシアの一部も入っていた。

当時、ポーランドがいかに大国だったかは、その文化面からも知ることができる。イタリアから広まったルネサンスは一五世紀後半にはポーランドにも波及し、一六世紀になるとポーランドの文化は高度に発達し、「黄金時代」を迎えるのである。それは華麗で、国際色豊かな文化だった。この時期に地動説を提唱したコペルニクスやプーシキン以前のスラヴ圏内における最大の詩人と称されるコハノフスキがポーランドから現れたのも、偶然ではない。コペルニクスやコハノフスキはヤギェウォ大学に学んでいるが、この大学は一三六四年の創設で、ヨーロッパ有数の歴史を誇り、ドイツ最古のハイデルベルク大学より二二年古い。こうしたことも当時のポーランドの文化の高さを証明するものだろう。ちなみに、前々ローマ教皇ヨハネ・パウロ二世や国際的に有名なSF作家レム、ノーベル文学賞を受賞した詩人シンボルスカなどもこの大学の出身である。

ところで、栄華を誇っていたポーランド王国の首都だったのは、ワルシャワではない。首都はポーランド南部の、上記ヤギェウォ大学があるクラクフという都市だった。クラクフは一六一一年にワルシャワに遷都されるまで、王国の首都であり続けたのである。

ヴィスワ川の丘の上に建つ、ポーランド王の居城だったヴァヴェル城。ロマネスクやゴシックなどさまざまな様式が混在している

14 世紀のゴシック様式のマリア教会。左右非対称の 2 本の塔が特徴的で、高い方の塔からは 1 時間おきにラッパが鳴らされる

クラクフは、第二次世界大戦時にポーランドのほぼ全土が焦土と化したにもかかわらず、奇跡的に大きな破壊を受けなかった。そのおかげで、中世以来の街並みや建造物がそのまま残り、現在、この都市はヨーロッパで最も美しい町のひとつに数えられている。ヴィスワ川のほとりに建つ王城ヴァヴェル、中世都市の広場としてはヨーロッパ最大規模で、織物会館などのある中央市場広場、左右非対称の二本の塔を持つマリア教会など、見所満載だ。数多くの文化遺産を残すクラクフの歴史地区は一九七八年に世界遺産に登録されたが、最初の登録地一二件のうちのひとつとして選ばれたのである。

クラクフ近郊には、さらに二つの世界遺産がある。ひとつはクラクフから南東に一五キロほど行ったヴィエリチカの岩塩坑である。最盛期にはポーランド王家の収入の三分の一がここで取れる「白い金」、すなわち岩塩によるものであったという。現在では岩塩の採掘はほとんど行われていないが、壁面の彫刻、シャンデリア、祭壇等、すべてが岩塩でできた地下世界を体感することができる。もうひとつはクラクフの西五〇数キロのところにあるオシフィエンチム、ドイツ名アウシュヴィッツである。人類史上最大の負の遺産とも言われるこの場所に関しては、多言を要すまい。近い距離にあるこの三つの世界遺産を見て回れば、いろいろな意味で人間の「すごさ」を感じることだろう。

クラクフに話を戻そう。この都市には日本とかかわりのある施設もある。それは日本美術・技術博物館、通称「マンガ・センター」である。現在、ポーランドでも日本のアニメやマンガは人気だが、この「マンガ」はそれとは関係なく、美術評論家・収集家のフェリクス・ヤシェンスキの雅号「マンガ」（北斎漫画にちなむ）からとられたものである。彼は何千点にものぼる浮世絵などの日本の美術品を収集していたが、それを展示するためにこの施設は建てられたのだった。建設にあたっては、『灰とダイヤモンド』などで世界的に知られる映画監督ワイダが尽力した。開館は一九九四年で、設計を行ったのは磯崎新である。

この博物館の存在が示すように、ポーランドはヨーロッパを代表する親日の国である。日露戦争で当時ポーランドを支配していたロシアを破った日本に対して、ポーランドの人々は好感情を抱き続けてくれているのだ。ヤギェウォ大学やワルシャワ大学など、ポーランドを代表する大学には日本学科があり、受験生の人気は高いという。それに対し、日本でポーランド語の専攻課程があるのは東京外国語大学ひとつだけである。

たしかに、日本におけるポーランドへの関心は低い。とはいえ、ポーランドへの日系企業の進出は旺盛である。現在、二〇〇社ほどが進出しているという。ポーランドの経済成長は堅調で、リーマン・ショックによる世界的な金融危機のあおりを受けてもプラス成長を続けたヨーロッパ唯一の国だった。また、二〇〇九年には日本とポーランドの国交樹立九〇周年を迎えた。今後、両国のさらなる交流を期待したい。

ポーランド史に刻まれた蜂起と抵抗

クラシック音楽界二〇一〇年の最大の話題といえば、「ピアノの詩人」と呼ばれるポーランド出身の作曲家フレデリク・ショパンの生誕二〇〇年だろう。世界各地で記念コンサートが開かれたり、各種メディアで特別番組や特集記事が組まれたりしている。

ショパンは一八一〇年三月、ワルシャワ近郊のジェラゾヴァ・ヴォラに生まれた。母はポーランド人だが、父はフランス人で、生粋のポーランド人というわけではないが、彼は熱烈なポーランド愛国者として知られている。

彼が愛国者となったのには、長い間独立を奪われてきたポーランドの歴史が大いに関係している。一六世紀末には現在の三倍以上の約百万平方キロメートルの国土を有し、高度な文化を誇っていたヨーロッパの大国ポーランドは、一七世紀の「大洪水」と呼ばれる外国軍の侵入以降、衰退を迎え、そしてついには、一八世紀末の三度にわたるポーランド分割によって国家自体が消滅してしまうのである。ポーランドはそれ以降、独立を求める苦難の道のりを歩むことになるのだが、ショパンが生きていた時代のポーランドも、ロシア皇帝を君主に戴く、ロシアの従属国だった。

分割が始まってからのポーランドの歴史は、他国支配に対する蜂起とその失敗の連続であった。一七九四年に起こったコシチューシコの蜂起に始まり、一八三〇～三一年の一一月蜂起、一八四六年のクラクフ蜂起、一八六三～六四年の一月蜂起、といった具合である。こうした蜂起には、ポーランド特有の犠牲をいとわない英雄主義的な精神が脈打っているが、それを支えていたのは、貴族共和制の時代から受け継がれる自由と名誉を重んじるポーランド貴族のメンタリティだった。

ショパンも一八三〇年の一一月蜂起に参加しようとした。彼は同月の初頭に音楽家としての道を進むため、ポーランドを後にしていたが、蜂起の報に接し、祖国に戻って蜂起に加わろうとしたのである。しかし、その願いは叶わず、それどころか、彼は二度と祖国の土を踏むことはなかった。『革命』の名で知られる『練習曲ハ短調作品10の12』は、ショパンがこの蜂起の弾圧に対する激しい怒りを込めて作曲したものと言われている。

さて、ポーランドは第一次世界大戦後の一九一八年に念願の独立を手にするが、二〇世紀になっても蜂起の歴史は止まなかった。第二次世界大戦時にドイツに占領され、再び独立を失ったポーランドでは、大戦末期の一九四四年に二〇万人もの死者を出したワルシャワ蜂起が起こっている。アンジェイ・ワイダ監督が『地下水道』で描いた蜂起である。

ポーランドはソ連軍によってドイツ占領から解放され、第二次世界大戦後は社会主義国となるが、社会主義政権下でも自由を求める抵抗の動きは止まなかった。一九五六年には

ワルシャワ近郊のジェラゾヴァ・ヴォラにある、ショパンの生家。現在は国立ショパン博物館の分館になっている

2010年4月10日の政府専用機墜落事故の報に接し、ワルシャワの大統領府前に集まった人々。飛行機は「カティンの森事件」の追悼式典に向かっていた

ポズナン暴動が起こり、一九八〇年には独立自主労組「連帯」が生まれ、共産党支配と対立した。自由と名誉を重んじ、犠牲をいとわない英雄主義的な精神は脈々と受け継がれてきたのである。

ところで、蜂起や抵抗運動の対象は歴史的に当然、ロシア・ソ連の場合が多い。そのため、ポーランドは旧東欧諸国に多い「ロシア嫌い」の国々の中でも、代表格だった。

だが、ポーランド、ロシアの両国は、二〇一〇年になって和解の道に歩み出したようだ。そのきっかけとなったのは、両国間の〝歴史の棘《とげ》〟、「カティンの森事件」をめぐる動きだ。

「カティンの森事件」とは第二次世界大戦中の一九四〇年に、ロシア西部のカティン周辺で、捕虜となったポーランド人将校ら約二万人がソ連の秘密警察によって銃殺された事件である。ソ連は長い間この事件に対するかかわりを一切否定し、ナチス・ドイツの犯行であると主張してきた。ソ連側が初めてソ連の秘密警察による犯行と認めたのは、ソ連末期の一九九〇年のゴルバチョフによるものだった。

事件発生から七〇年を迎えた二〇一〇年の四月七日、ロシアのプーチン首相がトゥスク首相をはじめとするポーランド首脳を初めてカティンに招いて、犠牲者の追悼式典を開いた。その三日後の四月一〇日には、ポーランドが主催する追悼式典が同地で開かれる予定だったが、当日、ポーランドのレフ・カチンスキ大統領夫妻や政府要人らを乗せて式典に向かっていた政府専用機がロシア領内で墜落し、乗客乗員九六名全員が死亡した。この悲劇的な事故に対し、ロシア側はメドヴェージェフ大統領がポーランド国民に向けて哀悼の演説をし、四月一二日を全ロシア的な服喪の日とした。また、モスクワのポーランド大使館前には献花を行う多くのロシア市民の姿が見られた。ポーランド国民の多くもこうしたロシア側の対応を肯定的に受けとめたようだ。

ところで、この事故で死亡したカチンスキ大統領は愛国主義的な政治路線で知られ、反ロの姿勢を明確に打ち出していた。事故後の大統領選挙では、死亡した大統領の双子の兄で、政治路線を共有するヤロスワフ・カチンスキ前首相を破って、ブロニスワフ・コモロフスキが当選した。彼はカチンスキ兄弟とは異なり、対ロ融和路線を標榜している。もちろん、ロシア政府もそうした姿勢を歓迎している。「カティンの森事件」七〇年を機に芽生えた両国間の融和の動きは、今後一層進んでいくのだろうか。そうなることを願いたい。

チェコ

――街並みとビールに酔う――

ヨーロッパの中央に位置するチェコには、美しい町がたくさんある。「百塔のプラハ」「黄金のプラハ」などと呼ばれ、世界で最も美しい町のひとつとされる首都プラハ。ヴルタヴァ川の湾曲部に位置し、世界遺産になっているチェスキー・クルムロフ。ゲーテ、ベートーヴェン、トゥルゲーネフといった数多くの著名人が訪れた美しい温泉保養地カルロヴィ・ヴァリ（ドイツ名カールスバート※）やマリアーンスケー・ラーズニェ（同マリエンバート）。枚挙に暇がないほどだが、美しい町をたくさん持つチェコは、今や、世界中から多くの人が訪れるヨーロッパ有数の観光国になっている。

古きヨーロッパの雰囲気を漂わせるチェコの町は美しさを誇るだけでなく、神秘性や幻想性もあわせ持つ。その代表はプラハだ。中世以来の街並みが残った古い石畳の道と入り組んだ小路、林立する塔とあらゆる様式の建築物、――プラハを歩いていると、迷路か魔法の国に迷い込んだような錯覚に襲われることがある。特に、旧市街はそうした雰囲気が濃厚だ。

丘の上にそびえたつプラハ城の北東側にある「黄金の小道」にも神秘性がつきまとう。

錬金術師たちが住んでいたとされるプラハの「黄金の小道」。作家カフカもこの通りに暮らしていたことがある（写真右側の建物が彼が住んでいた家）

チェスケー・ブジェヨヴィツェのビアホール。本家「ブドヴァイゼル」の看板が掲げられている

低い建物が軒を連ねるこの小道に足を踏み入れると、おとぎの国に来たかのような気分になるが、ここにはかつて錬金術師たちが住んでいたので、「黄金の小道」と呼ばれるようになったと信じられている（実際は、金細工師たちが住んでいたのでこの名がついたのだが）。プラハは錬金術という妖光を放つ学問が盛んな町であった。特に、ルドルフ二世（在位一五七六～一六一二）の時代はそうだった。彼は国の内外から錬金術師を呼び寄せ、それを奨励したのである。土から造られた人造人間ゴーレムがプラハで誕生したのも、ルドルフ二世の時代とされている。

不条理の世界を描き、二〇世紀文学に大きな足跡を残したユダヤ人のドイツ語作家カフカもプラハに生まれ、その生涯のほとんどをこの町で過ごしている。彼は「黄金の小道」にも住んでいたことがあるが、迷路のように入り組んだ道や廊下や階段が重要な舞台となる彼の夢幻的な作品世界は、まさにプラハというトポスから生まれたものと言えよう。神秘的で幻想を誘う町プラハというイメージは、欧米世界に広く浸透していた。例えば、フランスの詩人ブルトンはプラハを「古いヨーロッパの魔術の首都」と呼んでいる。

幻想的なチェコの町の観光に疲れたら、心身ともにリフレッシュするのにもってこいのものがある。それはビールだ。ビールというと、日本ではドイツというイメージが強いが、中世よりビール醸造が盛んだったチェコは世界に冠たるビール王国で、一人当たりのビール消費量はダントツの世界一である。二〇一〇年のチェコの年間一人当たりのビール消費量は一三一・七リットルで、一〇六・八リットルの二位ドイツ、一〇五・八リットルの三位オーストリアを大きく引き離し、三八位の日本の約三倍である（キリン食生活文化研究所調べ）。一八年連続の一位というが、この地位は簡単には揺るがないだろう。

チェコのビールは日本のビールともつながっている。日本で一般に飲まれている下面発酵の淡色ビールはピルスナー（ピルゼン・タイプ）というが、この名称はチェコ西部の都市プルゼニ（ドイツ名ピルゼン）に由来するのである。この町の工場が製造するプルゼニスキー・プラズドロイ（ドイツ名ピルスナー・ウルクヴェル）は世界中のビール・ファンから愛されている。この町にはビール博物館もあるが、ピルスナー発祥の地にふさわしい。

また、世界的に知られているチェコのビールに、南西部のチェスケー・ブジェヨヴィツェ（ドイツ名ブドヴァイス）という大変美しい町で生産されているブドヴァイゼル・ブドヴァルという銘柄がある。このビールは世界一の販売量を誇るアメリカのビール、バドワイザーの名目上の起源だ。一八七六年にアメリカでビール醸造を始めたバドワイザーの生みの親、ドイツ系移民のアドルファス・ブッシュがヨーロッパを代表するビールとなっていたブドヴァイゼル・ブドヴァルのネーム・バリューに目をつけ、自分のビールに「バドワイザー」（「Budweiser《ブドヴァイゼル》」の英語読み）と名づけたのである。名前だけ勝手に借用された感のある本家チェコでは、バドワイザーの評判は当然、すこぶる悪い。また、商標権の問題でヨーロッパの多くの国ではバドワイザーはそのままの名前で販売することはできず、「Bud」もしくは「Busch」という名称を使用している。

この他にも、ビール大国チェコには、国中いたるところに大小さまざまな醸造所があり、その味を競い合っている。都会だけでなく、田舎にも必ずといっていいほどビアホールがあり、レストランでもおいしいビールを提供してくれる。店によって扱う銘柄が異なるので、お気に入りを見つけるのもいいだろう。幻想的な街並みに酔って、ビールに酔う。チェコを訪れる大きな楽しみのひとつである。

※本節ではチェコ名とドイツ名の併記が目につくだろうが、そこには四世紀にも及ぶハプスブルク家のチェコ支配という歴史が反映している。

スロヴァキア
——魅力的な中欧の小国——

日本のおよそ八分の一の国土に、五四〇万の人々が暮らすスラヴの国、スロヴァキア。多くの人はこの小さな国に対して、かつてチェコと一緒だった国というイメージぐらいしかないだろう（チェコとの分離は一九九三年）。だが、この国は中欧文化の魅力をたたえ、美しい山並みを誇る国なのだ。

現在のスロヴァキアの地にスラヴ人がやって来たのは、五〜六世紀頃である。九世紀前半には現在のチェコとスロヴァキアを中心に、ハンガリーやポーランドの一部なども含む西スラヴ人の大国、大モラヴィア国が成立した。序章で述べたように、スラヴ人のための文字と文章語を創り上げた宣教師キュリロスが兄メトディオスとともにやって来たのは、この国だったのである。

大モラヴィア国の命は短かった。九世紀末からハンガリー人の侵入を受けるようになり、九〇六年には崩壊してしまう。大モラヴィア国崩壊後、スロヴァキアの地はハンガリー王国の版図に組み込まれた。ハンガリー、そしてオーストリアによるスロヴァキア支配は約千年もの間続いた。それが終焉を迎えるのは一九一八年、第一次世界大戦でオーストリア

＝ハンガリー二重帝国が敗れ、チェコスロヴァキア共和国が成立した時である。

こうした歴史的経緯があるため、スロヴァキアはスラヴ、ハンガリー、ドイツなどの様々な文化が混淆した、いかにも中欧らしい雰囲気をたたえている。「中欧」という地域概念、およびその特徴については節を改めて取り上げるが、例えば、首都のブラチスラヴァだ。

ブラチスラヴァというスロヴァキア語の名称自体、驚くほど新しい。ブラチスラヴァと公式に命名されたのは、第一次世界大戦後の一九一九年のことなのである。中世以来この町は、ハンガリー語でポジョニと呼ばれていた。この町は一五三六年から約二世紀半の間、オスマン帝国によって首都ブダを追われたハンガリー王国の首都だったのである。ドナウ川のほとりの小高い岩山の上に建つブラチスラヴァ城は歴代のハンガリー王の居城であったし、この町の聖マルティン大聖堂ではハンガリー王の戴冠式が執り行われた。ハンガリー女王でもあった有名なハプスブルク家の女帝マリア・テレジアも、ここで戴冠しているのである。

また、この町はドイツ語でプレスブルクとも呼ばれていた。領土上はハンガリー王国領だったが、ハンガリーの王侯貴族たちは鉱山開発や商工業の振興のために多くのドイツ人を入植させた。その結果、中心となって町を建設することになったのはドイツ系の植民者だったのである。ちなみに、プレスブルクというドイツ名は世界史にその名をとどめてい

スロヴァキアの首都ブラチスラヴァの旧市街。中央にブラチスラヴァ城、左側に聖マルティン大聖堂の尖塔が見える

スロヴァキアの最高峰、タトラ山脈のゲルラホウスキー峰。タトラ山脈はスロヴァキア人の「心のふるさと」だ

る。一八〇五年に、ナポレオンとオーストリアの間でプレスブルクの和約というものが結ばれているのである。首都の名称をみるだけで、この国にはいかに様々な文化が混じり合っているかが分かるだろう。また、ブラチスラヴァはオーストリアの首都ウィーンからわずか六〇キロメートルしか離れていないが、現在では、ここからウィーンに通勤・通学している人もいるほどだ。

さて、首都のブラチスラヴァはドナウ川沿いの平野部にあるが、しかしスロヴァキアは平野の国ではない。南西部と南東部に平野が広がっているものの、それ以外は山々に覆われ、国土の八〇パーセントは標高七五〇メートル以上の高地に位置する山国なのだ。こうした自然環境はこの国の国章に端的に表れている。国章には、十字架とともに、三つの山が描かれているのである。

山国スロヴァキアの象徴はタトラ山脈だろう。タトラ山脈はスロヴァキアからルーマニアに至る全長一五〇〇キロメートルに及ぶカルパチア山脈の一部を成す。タトラ山脈はスロヴァキアとポーランドにまたがる高タトラ山脈とそれより南に位置する低タトラ山脈に分けられるが、高タトラ山脈にある標高二六五五メートルのゲルラホウスキー峰はスロヴァキア最高峰であるだけでなく、カルパチア山脈の最高峰でもある。スロヴァキア人とタトラとの深い絆は「タトラの山上に稲妻ひかり」という歌詞で始まる国歌や、「タトラのふもと」とか「タトラとドナウの間に広がる国」といったこの国を指す表現にも表れている。タトラ山脈一帯は国立公園になっており、避暑や登山やウインター・スポーツなどの施設が整った観光地にもなっている。

山岳地帯に暮らしてきたスロヴァキア人は木造建築も発達させてきた。スロヴァキアの山岳地帯は木造建築の宝庫であり、伝統的な木造民家が並ぶ集落の独特な景観を楽しむことができる。そうした民家が並ぶヴルコリニェツという小さな村や木造の教会群は世界遺産にも登録されている。

こうした歴史的・自然的環境にあるスロヴァキアだが、そこに暮らす人々は意外にもほがらかだ。純朴さを残し、ホスピタリティーにも富むスロヴァキア人の民族性が、この小さな国の魅力を増しているのはまちがいない。決して目立つ国ではないが、きらびやかさとは異なる穏やかな魅力をたたえた国なのである。

中欧
——復活した地域概念——

二〇世紀末の東欧革命後、「中欧（中央ヨーロッパ、あるいは中部ヨーロッパ）」という言葉を日本でもよく耳にするようになった。特に、観光業界では「中欧」という言葉はすっかり定着した感がある。「中欧四カ国紀行」とか「華麗なる中欧の古都めぐり」といったツアータイトルを目にしたことのある人も多いだろう。

それでは、中欧とは一体、どこを指しているのだろうか。中欧とはヨーロッパの中央部に位置し、西欧と東欧の間に挟まれた地域ということだが、しかし、どこからどこまでを中欧とするかははっきりとは決まっていないようだ。中欧とはもともと「ドイツおよびその勢力圏」を指す言葉だったが、そうした限定を離れて、この言葉が指す地域には時代により、人により、ずれが見られるようになった。範囲を広く設定するなら、北はバルト海、南はアドリア海、西はフランス、東は旧ソ連に挟まれた地域ということになるようだが、現在、中欧として必ず挙げられるのは、オーストリア、チェコ、スロヴァキア、ハンガリー、そしてポーランドの五カ国だろう。

これらの国々は地理的につながっているだけでなく、歴史的にも文化的にも深いつながりを持ってきた。古くはひとつの国の国王が他の国の王を兼ねることが多かった。例えば、一四世紀のハンガリー王ラヨシュ一世はポーランド王ルドヴィク一世と同一人物なのである。だが、これらの国々を結びつける最強の靱帯となったのは、ハプスブルク帝国であろう。これらの国々のほとんどの地域はかつてはハプスブルク帝国の版図に入っていた。チェコ、スロヴァキア、ハンガリーの三国は数世紀にわたってハプスブルク家の支配下にあったし、ポーランドも、一八世紀末のポーランド分割により、その一部がハプスブルク帝国の領土となったのである。

こうして、この地域は様々な点で共通性を育んできたが、その共通性とは単一性ではなく、多様性である。中欧は、「最小の空間に最大の多様性」を持つとクンデラが言うように、様々な民族と言語が交錯した地域なのだ。この地域には、ドイツ人、スラヴ人、非ヨーロッパ系のハンガリー人、そして数多くのユダヤ人やロマが暮らしてきた。中欧はコスモポリタン世界だったのであり、その文化はドイツ、スラヴ、ハンガリー、そしてユダヤの文化などが混淆してできたハイブリッドなものなのである。そのコスモポリタン性、ハイブリッド性こそ、まさにこの地域の特徴であり、それこそが「中欧文化」と呼ばれるものなのだ。

ところで、オーストリアを除いたこれらの国々は、少し前まで「中欧」ではなく、「東

中欧地域を貫流するドナウ川（写真はハンガリーの首都ブタペスト）。中欧を支配したハプスブルク帝国は「ドナウ帝国」とも呼ばれる

新たな中欧の協力関係を象徴するヴィシェグラード・グループのロゴ。四つの点はこのグループを構成するポーランド、チェコ、スロヴァキア、ハンガリーの四カ国を示している

欧」と分類されてきた。かつて、ヨーロッパの区分は明確だった。資本主義国なら「西」、社会主義国なら「東」と、政治的にはっきりと分けられていたからだ。だから、同じドイツでも西ドイツなら「西」ヨーロッパ、東ドイツなら「東」ヨーロッパだったし、東欧であるはずのチェコの首都プラハが西欧であるはずのオーストリアの首都ウィーンよりも西に位置することに気づいて、驚く人が多かったのだ。

「東欧」と分類されてきた中欧諸国は第二次世界大戦後、社会主義国となり、半ば強制的に「東」の勢力圏に組み入れられた。しかし、これらの国の人々にとって、「東」のロシアは歴史的にも文化的にも異質な世界であり、「東欧」という分類に抵抗感を抱く人は多かった。社会主義時代に起こった一九五六年のポーランドのポズナン暴動やハンガリー事件、一九六八年のプラハの春なども、そうした背景を抜きにして理解することはできない。そして、これらの国の人々は社会主義体制が崩壊するやいなや、自分たちの国は「東欧」ではなく、古くから言われていた「中欧」なのだと主張し始めた。中欧の復活である。

その結果、かつては「ソ連・東欧」と総称されていた地域名にも変動が生じてきた。ソ連は消滅し、旧東欧地域は東欧と中欧に分かれるようになったのである（さらには、バルカン地域を分ける考え方もある）。

復活した中欧のこれらの国々は東欧圏を脱すると、地域としての一体感を生み出す方向に向かった。それを象徴するのがヴィシェグラード・グループだろう。これは一九九一年二月に、チェコスロヴァキア（当時）、ポーランド、ハンガリーの三カ国がハンガリー北部のヴィシェグラードで首脳会議を開き、三カ国の友好と協力の推進を目的に設立したものである。チェコとスロヴァキアの分離に伴い、このグループは四カ国で構成されることになり、「ヴィシェグラード四カ国」とも呼ばれる。このグループは年一回公式首脳会議を開くほか、多岐にわたる分野で協力を行っている。また、この四カ国は二〇〇四年にそろってＥＵに加盟したが、ＥＵ内で共通の歩調を取ることもある。

これらの国々を東欧ではなく、中欧と呼ぶことにまだなじめない人もいるだろう。しかし、歴史的経緯やそこに暮らす人々の思いを無視してはならないだろう。そこには単なる名称の問題を超えたものがあり、この地域のアイデンティティと新たなヨーロッパの構図という問題も含まれているのである。

パン・スラヴ主義
――果たせなかったスラヴ連帯の夢――

ベルリンの壁が崩壊し、ソ連邦が解体してからすでに二〇年以上の歳月が流れた。二〇世紀の終わりを画した歴史的大事件ももはや過去のものとなったが、この大変動が起こるまで、スラヴ世界は社会主義圏というひとつのまとまりととらえることができた。だが、いまやそのような状況にはない。一方におのが道を行くロシアがあり、他方にEU加盟を果たし、あるいは加盟を目指してヨーロッパという共同体の一員になろうとしている国々がある。いくら民族的な近親性を有していようとも、現在ではスラヴ世界をひとつのまとまりとしてとらえることは非常に難しい。しかし、歴史的に、スラヴ民族の連帯と統一を目指す運動はたしかにあった。パン・スラヴ主義と呼ばれる運動である。

パン・スラヴ主義は、西スラヴおよび南スラヴの諸民族の民族的覚醒とともに一九世紀初頭に生まれた。オーストリアやオスマン帝国の支配下にあったこれらスラヴ諸民族は自分たちの民族的つながりを強調することで連帯を図り、置かれていた状況を改善しようとしたのである。

その成果のひとつが、一八四八年六月にプラハで開催された史上初のパン・スラヴ会議、スラヴ人会議である。この会議はオーストリア帝国内のスラヴ諸民族の結束を図ることを目的とし、様々なスラヴ民族の代表三四〇名が参加した。会議を主導したのは、パラツキーやシャファーリクといった、オーストリア帝国内のチェコ人とスロヴァキア人だった。彼らのパン・スラヴ主義は、一八四八年革命で混乱に陥ったオーストリアの国体の護持に協力することで、民族的な自治を獲得しようとするオーストリア・スラヴ主義と呼ばれるものだった。そのため、帝国解体論者は失望し、また、民族間の利害対立も露呈した。この会議は開催中に起こったプラハ市民の対オーストリア蜂起によって中断し、結局はオーストリア当局によって解散させられてしまった。そのため、予定されていた三カ条の綱領のうち、ひとつしか採択されなかったが、そのひとつとは政治的・民族的抑圧を非難し、すべての民族の平等を謳った「ヨーロッパ諸民族への声明」だったのである。

歴史的なこのスラヴ人会議も、スラヴ民族すべてに関わるものではなかった。というのも、この会議はあくまでオーストリア帝国内のスラヴ人の会議であったため、スラヴ民族最大のロシア人は無関係だったからだ。

ロシアでパン・スラヴ主義が公認され、大きな力を持つようになるのは、クリミア戦争でヨーロッパ社会から孤立していることを痛感したロシアが、スラヴ民族との連帯に活路を求めた一九世紀後半以降のことである。しかし、それはスラヴ諸民族の平等を前提とし

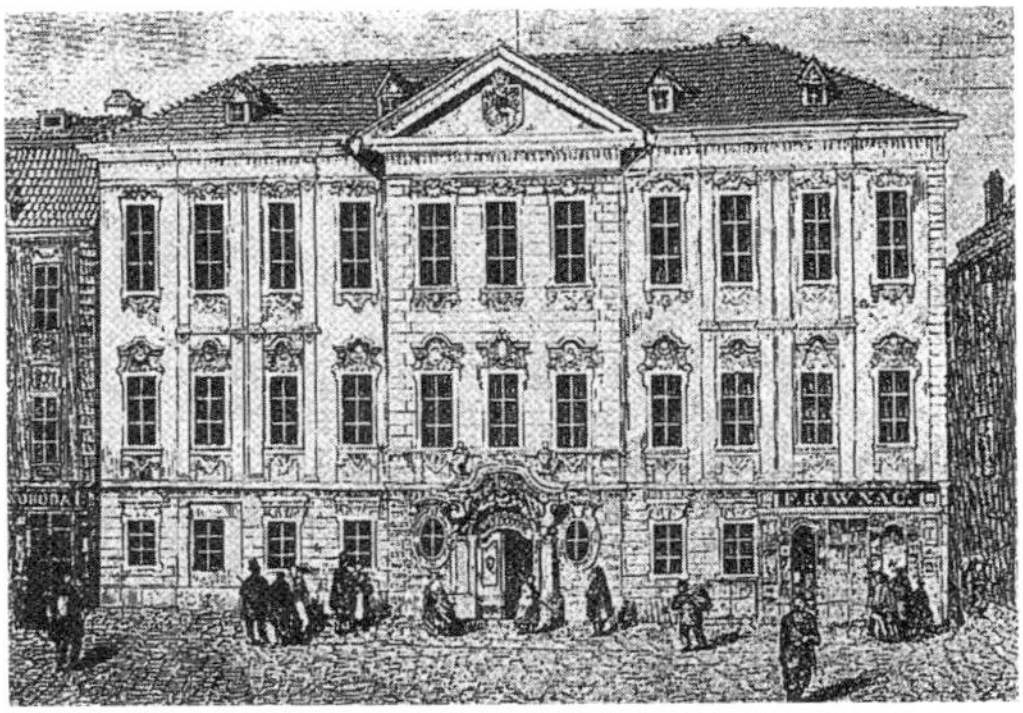

1848 年当時のプラハの国立博物館。ここで史上初のパン・スラヴ会議となるスラヴ人会議が開かれた

スラヴ人会議の議長を務めたチェコ人、パラツキーの記念碑。彼はモスクワのスラヴ会議にも参加した

たものではなく、ロシアの指導の下にスラヴ民族を統一しようとするロシア中心主義的なものだった。「スラヴの盟主ロシア」ありきのパン・スラヴ主義だったのであり、それがロシアのバルカン進出を支えるイデオロギーともなったのである。

ロシアにパン・スラヴ主義が広まった一九世紀後半には、モスクワでスラヴ会議が開催された。一八六七年五月に開かれたこの会議は二度目のパン・スラヴ会議とされるが、これはそもそもロシア政府の支援を得て開催された全ロシア民族学博覧会の一部だった。目的はロシアを中心とするスラヴ民族の連帯感を確立し、ロシア社会のスラヴ意識を高めることとされていた。この会議に国外からやって来たスラヴ民族の代表は八一名にのぼったが、しかし、今度はスラヴ民族の中でもロシア人に次ぐ大きな集団であるポーランド人はひとりも参加しなかった。ポーランド人はポーランドに対するロシアの弾圧とロシア化政策に抗議して、会議をボイコットしたのである。

会議の前後にスラヴ民族の間で親ロシア感情が高まったという点では、ロシア側には意味があったかもしれないが、会議そのものはあまり実のないものだった。会議といっても一種の祭典行事のようなものであり、また、ここでもロシア流のパン・スラヴ主義が濃厚に表れた。例えば、ロシア側はロシア語を全スラヴ民族の共通言語にしようと主張した。この主張はロシア人以外の参加者から同意は得られなかった。スラヴ民族の連帯という点では、参加者の意見は一致していたが、非ロシア人の参加者はそれは多様性を保持したままの調和という形で行われるべきだと考えていたのである。この会議では、二年ごとにスラヴ会議を開催することなどが決定されたが、しかし、スラヴ会議は二度と開かれることはなかった。

一九世紀に二つのパン・スラヴ会議が開かれたことは事実である。しかし、それらが大きな成果を挙げたとは決して言えない。また、時代は変わるが、第二次世界大戦後の一九四六年にユーゴスラヴィアのベオグラードでパン・スラヴ会議が開かれたこともある。だが、そこでのパン・スラヴ主義はあくまでもソ連流のそれであったことは言うまでもない。

真のスラヴの連帯は実現することはなかった。また、現状からみて、これからもそれが実現することはきわめて難しいだろう。それぞれのスラヴ民族が多様性を保持したまま、友好的な関係を築いていければいいのだが。

ハンガリー
——東方からやって来た民族の国——

スラヴ民族が主要民族を成しているロシア・旧東欧地域。だが、もちろん、この地域にはスラヴ民族だけが暮らしているわけではなく、非スラヴ民族が支配的な国もある。例えば、東西スラヴと南スラヴの間には非スラヴの国が並んでいる。西からハンガリー、ルーマニア、モルドヴァ*だ。本節ではその中のハンガリーを取り上げよう。

ヨーロッパの中央部に位置するハンガリーは、東西にそれぞれ国境を接するルーマニアとオーストリアを除けば、北から時計回りにスロヴァキア、ウクライナ、セルビア、クロアチア、スロヴェニアというスラヴの国々に囲まれている。それでは、なぜスラヴの地に非スラヴ民族の国があるのだろうか。

ハンガリー人はもともと現在の地にいたわけではない。彼らの故地はウラル山脈あたりと考えられており、そこから民族移動を繰り返して、九世紀末に現在のハンガリーの地にたどり着いたのである。彼らは本来のヨーロッパ民族ではなく、東方からヨーロッパにやって来た異民族だったのだ。ちなみに、ハンガリー人は五世紀にヨーロッパに大帝国をうち立てたフン族（Hun）の子孫だからハンガリー（Hungary）というのだと考えている人も

その美しさから「ドナウの真珠」と呼ばれるブダペスト。写真はハンガリー王の王宮であったブダ城

温泉大国ハンガリーのセーチェーニ温泉（ブダペスト）。ネオ・バロック様式の豪華な建物である

いるが、それはまったくの俗説にすぎない。そもそも、ハンガリー人の自称は「マジャルMagyar」なのである。

東方からやって来た彼らの用いる言語も、ヨーロッパの基本語族であるインド＝ヨーロッパ語族ではない。ハンガリー語はウラル語族に属し、他のヨーロッパ諸語とは文法構造も語彙もまったく異なる。また、長期にわたる民族移動は言語にも痕跡を残しており、様々な民族と接触した結果、ハンガリー語にはチュルク系やスラヴ系の諸言語からの借用語が多くなっている。人名の表し方にも特徴がある。ハンガリー語では、日本語と同じように、姓・名の順で表すのである。ハンガリーを代表する一九世紀の音楽家リストもハンガリー式に記せば、リスト・フェレンツとなる。

さて、九世紀末に現在のハンガリーの地に進出してきたハンガリー人だが、一〇〇〇年にはイシュトヴァーン一世がハンガリー王国を成立させ、一五世紀後半のマーチャーシュ王の時代には、現在のスロヴァキアやクロアチアなどを含む中欧の大王国へと発展した。ハンガリーには華麗なルネサンス文化が花開き、美しい細密画に彩られたコルヴィナ文庫はヨーロッパ中にその名をとどろかせた。

だが、その後、ハンガリーはオスマン帝国やハプスブルク家など、他国に支配され続けることになった。独立ではないが、実質的な自治を獲得できたのは、一八六七年に「アウスグライヒ（妥協）」により、オーストリア＝ハンガリー二重帝国が成立してからである。これ以降、一九一八年に第一次世界大戦で敗北し、二重帝国が崩壊するまで、ハンガリーは経済的にも文化的にも飛躍的に発展を遂げる黄金時代を迎えるのである。

首都ブダペスト（ハンガリー語ではブダペシュト）を例にとろう。ドナウ右岸のオーブダ、ブダと左岸のペストが統合されてブダペストとなるのは一八七三年のことで、現在、世界中から多くの観光客をひきつけるブダペストの景観が形づくられたのも基本的にはこの時代である。合併時には約三〇万人だった人口は一九〇〇年には七三万人、一九一〇年には一一〇万人と急増し、ブダペストは「ドナウの真珠」と称される、ヨーロッパを代表する大都市になるのである。一八九六年にはハンガリー建国千年祭に合わせて、世界で二番目、ヨーロッパの大陸部では初の地下鉄がブダペストの街を走り出してもいる。

また、この時期、ハンガリーではカフェ文化が花開いた。一九世紀末の百科事典によると、ハンガリーには一三七七軒の、ブダペストだけでも六六三軒のカフェがあったという。ブダペストはパリやウィーンと並ぶカフェの街だったのであり、カフェは都会で暮らす市民の生活の不可欠な一部になっていたのである。そしてここには芸術家やジャーナリストらが集い、新たな文化を生み出す場ともなっていた。

カフェ文化というのはいかにもヨーロッパ的だが、東からやって来た彼らの文化には東方的な要素もかいま見える。ブダペストの応用美術館などを設計した建築家レヒネルはそうした東方起源のモチーフを重視して、ハンガリーの民族様式を作り上げたのだった。さらに、ハンガリーの温泉文化はオスマン時代から受け継がれたものだ。現在温泉大国として知られているハンガリーには、ブダペストだけでも一四カ所に一二三の源泉と四〇ほどの温泉施設があり、市民の憩いの場となっている。なかには、宮殿と見まがうばかりの豪華で大規模な施設もある。

ヨーロッパ文化に東方的な要素も加味された国ハンガリー。その魅力は尽きない。

※ルーマニア人とモルドヴァ人は同じラテン系の民族で、極めて近親性が強い。そのため、ルーマニア人とモルドヴァ人、ならびにルーマニア語とモルドヴァ語を分けることに反対する意見も根強い。

ユダヤ人のもうひとつの〝故郷〟

文学ではカフカやパステルナーク、映画ではエイゼンシテインやポランスキー、音楽ではオイストラフやリヒテル、美術ではシャガール、――世界の文化史に輝かしい足跡を残すこれらの人物の共通点は何か、お分かりだろうか。それは彼らがロシア・旧東欧地域（以下、東欧と略）出身のユダヤ人ということだ。

基本的にスラヴ世界である東欧地域でユダヤ人というと、奇異に感じる人もいるだろう。たしかに、ユダヤ人は元々東欧に住んでいたわけではない。だが、この地域にはかつて世界で最も多くのユダヤ人が暮らしていたのであり、東欧はユダヤ人のもうひとつの「故郷」なのだ。それでは、彼らはいつ頃東欧にやって来たのだろうか。

アレクサンドロス大王の時代にははやくもロシアやウクライナの南部にユダヤ人が定住していたといわれるが、ユダヤ人が徐々に東欧に移り住むようになったのは、七〇年のエルサレム滅亡とともに始まった「離散《ディアスポラ》」以降である。離散したユダヤ人は居住した地域によりスペイン系のセファルディムとドイツ系のアシュケナジムの二つに大別されるようになるが、東欧地域のユダヤ人はアシュケナジムであり、彼らは東方ユダヤ人とも呼ばれるようになる。

東欧へのユダヤ人の移住は一三世紀頃から爆発的に増加する。西欧で十字軍遠征が始まって、ユダヤ人に対する迫害と追放が強まったためである。ユダヤ人の流入はやむことなく続き、そうして、東欧は世界最大のユダヤ人人口を抱える地域となるのである。特にポーランドへの流入が激しかった。宗教の自由も商業の自由も保障され、安全に暮らすことのできるポーランドはユダヤ人にとって「約束の地」となった。最盛期には世界のユダヤ人の八〇パーセントがこの国に住んでいたという。

しかし、ポーランドは一八世紀末に国土が分割され、国家の消滅という悲運に見舞われる。その結果、世界一のユダヤ人人口を擁する国となったのは、ポーランドの東半分を手にしたロシアだった。一八八〇年には約四〇〇万人のユダヤ教徒を数え、世界のユダヤ教徒の七〇パーセントを占めていたという。

それでは、彼ら、東方ユダヤ人たちはどのような暮らしを送っていたのだろうか。

彼らは一〇〇年ほど前までは、周囲のキリスト教世界からは隔離されていた。東方ユダヤ人の多くは、西欧には見られないシュテートルと呼ばれる独特のユダヤ人共同体を地方に築いて暮らしていた。そこでは宗教の自由と自治が認められていたので、ラビと呼ばれる聖職者を指導者に、厳格なユダヤ教の戒律を守って、敬虔な暮らしを送っていた。その暮らしぶりは「祈りとともに目覚め、祈りとともに眠りにつく」と言われるほどだった。

ユダヤ教の礼拝堂であるシナゴーグに集まったユダヤ人（ベラルーシ、1910 年代）

1927 年にポーランドで発行されたポスター。上段はポーランド語、下段はイディッシュ語で、仮面舞踏会を宣伝している

もちろん、こうした暮らしは彼らの置かれていた社会的状況に強いられてもいたのである。

敬虔な暮らしを送っていた東方ユダヤ人だが、一八世紀にはハシディズムという宗教革新運動が起こっている。恍惚状態での祈りなど、神秘主義的傾向を持つこの運動は、相も変わらず聖典の学習にだけ明け暮れるように説くラビの教えに対して、喜悦に基づく人生肯定を教えた。そうした教えはとりわけユダヤ民衆の心をとらえ、ポーランドやウクライナなどのユダヤ人の間に広まっていった。

東方ユダヤ人が日常的に用いる言語も独特なものだった。彼らはイディッシュ語という言語を使用していたが、この言語は中高ドイツ語諸方言を基盤に、ヘブライ語やスラヴ語（特にポーランド語）の要素を取り込んで成立した混成言語で、ラテン文字やキリル文字ではなく、ヘブライ文字で表記する。この言語で、彼らはイディッシュ文学を発展させた。イディッシュ文学は一九世紀後半には、『牛乳屋テヴィエ』（ミュージカル『屋根の上のヴァイオリン弾き』の原作）で知られるショーロム・アレイヘムなどを生み出して黄金時代を迎えた。また、一九七八年にノーベル文学賞を受賞したアイザック・シンガーはポーランドからアメリカに渡ったイディッシュ語作家である。彼らの作品には東方ユダヤ人のおかしくも悲しい暮らしぶりが生き生きと描かれている。

東方ユダヤ人は長い間シュテートルを基盤に暮らしてきたが、しかし、そうした世界も第一次世界大戦によって破壊され、その存立が困難になってしまう。さらに、第二次世界大戦のホロコーストと、戦後のイスラエルやアメリカへの大量移住によって、東方ユダヤ人の歴史は事実上の終止符を打たれることになる。例えば、一九三九年にポーランドに住んでいた三三〇万人のユダヤ人のうち二七〇万人がホロコーストで殺された。また、第二次大戦直前のソ連のユダヤ人人口は約五〇〇万人と推定されるが、大戦中にほぼその半数が亡くなったといわれ、ソ連末期の一九八九年には一四五万人まで減少している。減少は現在も続いており、二〇一〇年のロシアのユダヤ人人口はわずか一五万六八〇一人で、全人口の〇・一一パーセントに過ぎない。

その数がいかに減ったとはいえ、東欧にかつては世界で最も多くのユダヤ人が暮らしていたことに変わりはない。この地域はユダヤ人のもうひとつの「故郷」であり、現在でもこの地域に結びつきを持つユダヤ人は世界中に存在しているのである。

第３章　南スラヴの世界

ブルガリア

――バラの香りに包まれて――

バルカン半島東部に位置するブルガリア。ブルガリアという国名は「ブルガール人」に由来するということを知っている人もいるだろうが、このブルガール人はスラヴ民族ではない。彼らはアジア系の遊牧民で、六世紀後半にこの地にやって来て、すでに住んでいたスラヴ人を服従させたのだ。

ブルガール人は、後にバルカン半島の大部分を占め、ヨーロッパの大国となるブルガリア帝国を六八一年に建国するが、しかし、ブルガリアはアジア系民族の国にはならなかった。ブルガール人は圧倒的に少数だったため、彼らの方が多数派のスラヴ人に同化されたのである。こうしてブルガリアはスラヴの国となるのだが、ブルガリア史の初期に活躍したブルガール人は「プロト・ブルガリア人」とも呼ばれる。

ブルガリアといえば、多くの人は「ヨーグルトの国」というイメージだろう。確かに、ブルガリアでは古くからヨーグルトが食べられてきたが、こうしたイメージが広まるのは一〇〇年ほど前からだ。ロシアの生物学者で、ノーベル賞も受賞したイリヤ・メーチニコフが「ヨーグルトによる長寿説」を唱えて、「ブルガリア＝ヨーグルト」というイメージが世界的に定着するようになったのである。

しかし、ブルガリアはヨーグルトばかりではない。この国は「バラの国」でもあるのだ。バラといっても、観賞用のそれではない。ブルガリアを「バラの国」としているのは、ダマスク・ローズというバラだ。淡いピンク色のこのバラは花は小ぶりで華やかさに欠ける。だが、濃厚で甘い香りを放つこのバラは香水や化粧品などの原料となるローズ・オイルを造りだすにはもってこいの品種なのである。

ダマスク・ローズの栽培がブルガリアで始まったのは、オスマン帝国統治下の時代だ。ブルガリアは一四世紀末から五〇〇年にわたってオスマン帝国の支配下にあったが、この時、トルコ人がローズ・ウォーターを宗教儀式で聖水として用いるためにバラの栽培を始めさせたのである。ローズ・ウォーターの蒸留過程でできるローズ・オイルは当初、単なる副産物としてあまり注目されなかったが、一七世紀後半頃からヨーロッパの上流社会で

「バラの谷」でのバラ祭りのひとコマ。民族衣装を着て、頭飾りにはダマスク・ローズを挿している

1870年代に描かれた、「バラの谷」でのバラ摘みの様子。バラの収穫は現在でも手摘みで行われている

このオイルを香水として使用するようになると、ローズ・オイルは貴重品として脚光を浴びるようになったのである。ブルガリア産のローズ・オイルは「ローズ・オットー（オスマンのバラ）」とも呼ばれるが、その由来を感じさせる呼称だ。

ダマスク・ローズの栽培地として世界的に知られているのは、ブルガリアのほぼ中央を東西に走るバルカン山脈（ブルガリア語ではスタラ・プラニナ）とその南のスレドナ・ゴラ山脈にはさまれた、その名も「バラの谷」と呼ばれる一帯である。水はけのよい土壌、豊富で良質な天然水、温暖な冬と高い湿度といった、バラを栽培するための条件が整っているこの一帯には、バラ畑があちこちに広がり、「バラの国」ブルガリアのシンボルとなっている。

ここでは、バラの収穫は現在でも手摘みで行われている。一グラムのローズ・オイルを抽出するのに、三〇〇〇個の花が必要とされるというのだから、気の遠くなるような作業だ。五月から六月のバラの開花時期に家族総出でバラ摘みに繰り出す光景は、バラの谷の風物詩になっている。バラは太陽に当たると、芳香成分が空気中に拡散してしまうので、収穫作業は夜明け前から始まり、午前中には終わる。時間との勝負だ。

毎年六月初めにはバラの谷の中心都市カザンラクとその周辺地域で、バラ祭りが開催される。もともとは村ごとの民俗的な収穫祭だったが、現在では外国からも観光客を集める一大フェスティバルとなっている。国際民族舞踏フェスティバルや民族衣装を着てのバラ摘みなどが行われ、バラの女王も選出されて、お祭りムードを盛り上げる。

ところで、ブルガリア産のローズ・オイルは現在、世界の供給量の七割と圧倒的なシェアを占めているが、その品質も世界一を誇っている。社会主義時代にはバラ産業は国家の専売事業で、国の検査機関が品質を厳重に管理してきた。民主化後、バラ産業は国の専売事業ではなくなったが、それでも品質は守られている。それを支えているのが、国立バラ研究所だ。なんともブルガリアらしい機関だが、この研究所だけがバラ製品の品質保証書を発行できるのである。国を挙げての品質維持と言えるだろう。

高品質のブルガリア産のローズ・オイルは世界中からひっぱりだこだ。日本の企業ももちろん、買い入れているし、シャネルやゲランなどの香水もブルガリアのローズ・オイルなしには製造できない。

香水や化粧品だけではない。現在、ブルガリア産のローズ・オイルなどの製品はアロマセラピーにも、サプリメントや健康食品にも用いられている。天然由来のものとして、時代にマッチしているのである。

バラのイメージでブルガリアを見る、——ブルガリアに対する見方が変わるのではないだろうか。

セルビア人の民族的聖地でもあるコソヴォ

旧ユーゴスラヴィア時代からしばしば暴動が起こり、現在でも紛争が完全に解決したとはいえないコソヴォ。バルカン半島中部に位置するコソヴォは二〇〇八年二月にセルビアからの独立を宣言し、アルバニア人中心のコソヴォ共和国という国家が誕生した。

だが、この国は世界中で承認されているわけではない。徐々にその数は増えてきているとはいえ、二〇一二年六月末時点でこの国家を承認しているのは九一カ国で、世界の国の半分にも満たない。アメリカやイギリス、フランス、ドイツ、それに日本なども承認しているが（日本は二〇〇八年三月に承認）、セルビアはもちろん、ロシア、中国、スペイン、ギリシアなどは承認を拒否している。そのため、コソヴォは国連に加盟することができず、また、国際オリンピック委員会にも加盟できないので、コソヴォのアスリートはオリンピックに出場することはできない。

コソヴォをめぐる紛争はアルバニア人とセルビア人の対立だ。アルバニア人はバルカンの先住民族イリュリア人を祖先とする非スラヴ民族で、多くはイスラム教徒である。現在、コソヴォの住民は九割以上がアルバニア人で、セルビア人はわずか四パーセントにすぎない。旧ユーゴ解体直前の一九九一年でも、アルバニア人が八二パーセントを占め、セルビア人は一〇パーセントだった。それでもセルビアはコソヴォの独立を認めず、現在でも自国の領土としている。それではなぜ、セルビア人はコソヴォにこだわるのだろうか。そこには領土という政治的要因だけでなく、セルビア人としての民族的感情も大きく働いているのだ。

セルビア人がバルカンに移住したのは七世紀初めのことである。諸部族に分かれて対立・抗争を続けていた彼らが統一されたのは、ようやく一二世紀後半のことだった。ステファン・ネマーニャがセルビアのほぼ全域を統一して、セルビア王国ネマニッチ朝を開いたのである。中世セルビア王国は一四世紀半ばのステファン・ドゥシャン王の時代に全盛期を迎え、バルカン半島南部のほぼ全域を版図とする大国となった。

この中世セルビア王国の中心は、コソヴォを含む現在のセルビア南部だった。それ故、今でもセルビア人はこの地域が自分たちの国家の誕生の地という意識を強く抱いているのである。しかも、コソヴォはセルビア国家誕生の地であるだけではない。そこはまた、セルビア人の聖地でもあるのだ。

セルビアのキリスト教化は九世紀に進んだ。一二一九年に独立したセルビア正教会は当初、セルビア中西部のジチャという町を中心地としていたが、まもなく、コソヴォのペーチに移り、総主教座がこの町に置かれた。こうしてコソヴォはセルビア人の聖地となるの

セルビアを統一し、ネマニッチ朝を開いたステファン・ネマーニャ（右）。左は彼の末子で、セルビアの国民的聖人の聖サヴァ

デチャニ修道院内の大聖堂。ロマネスク様式とビザンティン様式が融合したこの聖堂は、中世の教会の中ではバルカン半島最大のものだ

である。

聖地コソヴォには、セルビア正教の教会や修道院が数多く建てられた。なかでも文化的価値の高い四つのものは、「コソヴォの中世建造物群」として世界遺産に登録されている。ペーチ郊外のデチャニ修道院とペーチ総主教修道院、プリシュティナ近郊のグラチャニツァ修道院、プリズレンのリェヴィシャ聖母教会である。これらは建築様式の点でも、内部の豊富なフレスコ画の点でも、きわめて貴重だ。しかし、この遺産はコソヴォにおける政情不安のため、「危機にさらされている世界遺産」のリストにも登録されている。

コソヴォはまた、セルビア史における一大事件によって、セルビア人の民族的記憶に深く刻みつけられている。その事件とは、バルカンに進出してきたオスマン帝国との決戦、一三八九年のコソヴォの戦いだ。この戦いでセルビアを中心とするバルカンの連合軍は敗北を喫し、それが一九世紀まで続くオスマン支配の決定的契機となったのである。セルビア人はこの敗北の記憶を英雄叙事詩でうたうなどして後世に伝えてきた。そうすることによって、セルビア人としての民族意識を保持し続け、喚起してきたのである。また、このオスマン支配時代の一七世紀末から一八世紀前半にかけて、多数のセルビア人がこの地を去っていった。その結果、コソヴォは再びアルバニア人が多数を占めるようになったのである。

コソヴォはこのように、セルビアの歴史とセルビア人の民族意識に深く根づいてる。「民族的聖地」と呼ぶこともできよう。セルビア人にしてみれば、そうした地をやすやすと、あるいは決して、手放す気にはならないのだ。

このコソヴォをめぐって数多くの死傷者を出し、何十万もの避難民を出した紛争が前世紀末から起こったのだった。上記の世界遺産も破壊や略奪を受けた。コソヴォには今でもＮＡＴＯ中心のＫＦＯＲ（コソヴォ治安維持部隊）が展開して、治安維持にあたっている。ピーク時には三九カ国五万人の兵士が任務に就いていたが、二〇一二年六月時点では二九カ国五五七六名の兵力となっている。このことからも知れるように、コソヴォ情勢は以前と比べればだいぶ落ち着いてきた。しかし、セルビア人とアルバニア人の対立が解消されたわけでは決してない。両民族の融和を図る動きもみられるが、思い通りに進んでいないのが実情だ。コソヴォには複雑な民族構成と歴史を持つバルカンの縮図を見る思いがする。

ダルマツィア
――イタリアの香り残るスラヴ地域――

クロアチアの南西部、アドリア海東岸に沿って伸びるダルマツィア地方。ダルマツィアといっても、具体的なイメージのわかない人がほとんどだろう。でも、ペット好きの方なら聞いたことがあるかもしれない。ダルメシアン犬はこの地方が原産だとされているのである。また、この地方は日本の食文化も支えている。クロアチアは蓄養クロマグロの世界的大国で、日本のクロマグロ輸入において、常に上位を占めている。そのクロマグロの蓄養はアドリア海に面したダルマツィア地方で行われているのである。

ダルマツィアはスラヴ世界の中で特異な地域だ。まず、自然環境である。この地域は温暖な地中海性気候に属し、目の前にはコバルト・ブルーの海が広がっている。入り組んだ海岸線と六〇〇余りの島々がおりなす景色は、とても美しい。また、アドリア海の対岸にはイタリア半島が横たわっているが、歴史的にイタリアと密接な関係にあったという点も、ダルマツィアの特異性となっている。ダルマツィアという名称自体、この地域の先住民族イリュリア人のダルマト族にちなんで、ローマ人が名づけたものである。

ダルマツィア地方は古代ローマ時代には、イリュリクム属州の一部をなしていた。長期

スプリトのディオクレティアヌス宮殿跡。ダルマツィア出身のローマ皇帝ディオクレティアヌスは自ら帝位を退き、晩年をこの宮殿で送った

「アドリア海の真珠」と称されるドゥブロヴニク。海上貿易で繁栄した都市国家としての歴史を持ち、中世の街並みをよく残している

にわたってローマの支配下に置かれていたダルマツィアには、現在でも古代ローマの遺跡が数多く残っている。最も有名なのは、スプリト（イタリア語名スパラト）にあるディオクレティアヌス宮殿だろう。この宮殿はダルマツィア出身のディオクレティアヌス帝が故郷で余生を過ごすために、三世紀末から四世紀初めにかけて建てさせたものである。

古代ローマ時代、ダルマツィアはスラヴ人の土地ではなかった。ダルマツィアがスラヴの地となるのは、七世紀にクロアチア人が移住してきてからである。ダルマツィアはクロアチア人の国家形成において、重要な役割を果たした。ダルマツィアと内陸部のパンノニアに二分されていたクロアチア人の統一国家を一〇世紀初めに誕生させたのは、ダルマツィアのニンの族長《ジュパン》、トミスラヴだったのである。この中世クロアチア王国はダルマツィアのビオグラードという町を中心地とし、二〇〇年ほど続いた。

以後、ダルマツィアの支配をめぐっては、ビザンティン帝国、ハンガリー、オスマン帝国など、周囲の大国がしのぎを削ったが、ダルマツィアとイタリアという点で、特に関係が深かったのはヴェネツィアだ。海上貿易で栄えたイタリアの都市国家ヴェネツィアはダルマツィアの統治権をめぐって他国と争い、一五世紀から一八世紀末までその支配下に置いた。アドリア海を「我が海」と呼び、「アドリア海の女王」と称されたヴェネツィアにとっても、この海に面したダルマツィアは重要な地域だったのである。ダルマツィア地方には、ヴェネツィアの紋章やヴェネツィア・ゴシックの建造物が今でも見られる。

ヴェネツィア同様、海上貿易で大いに栄えた都市国家はダルマツィアにもある。それはダルマツィア最南部、海に突き出た城塞都市ドゥブロヴニクだ。ドゥブロヴニクの起源は、スラヴ人によって破壊された近郊のローマ帝国の都市から逃れてきた人々によって七世紀に建設された町にさかのぼる。この町はラテン語でラグシウムと呼ばれ、後にイタリア語でラグーザと呼ばれるようになった。このように、ドゥブロヴニクはその誕生からイタリアと深い関係にあったのである。

ドゥブロヴニクは初めはビザンティン、その後はヴェネツィア、ハンガリー、オスマンの庇護を受けて繁栄していく。一五世紀には交易範囲をアドリア海から地中海や黒海、さらには大西洋沿岸にまで拡大し、最盛期を迎えた。そうしてドゥブロヴニクは都市国家としての様相を整え、一四四一年には公式に共和国となるのである。

この都市国家は何よりも自由を重んじた。一五世紀後半にはバルカン全域がオスマン帝国の支配下に入ったが、ドゥブロヴニクだけは貢納金を支払うことで、唯一独立を維持したのである。貢納金が引き上げられた時も、ドゥブロヴニクの人々は経済的困難よりも独立を選んで、オスマンの要求をのんだ。彼らのこうした行動を支えていたのが、「リベルタス（ラテン語で「自由」の意）」というこの都市の標語だったのである。自由の都市ドゥブロヴニクはまた、民主的な政治でも知られ、特定の個人や家族に権力が集中しないように、総督は一カ月ごとに交代した。

ドゥブロヴニクは別名「アドリア海の真珠」と呼ばれる。たしかに、青い海を背景に、赤褐色の瓦屋根の建物が並ぶその景観はまるで絵に描いたように美しい。アイルランド出身の劇作家バーナード・ショーは、「地上の天国を見たければ、ドゥブロヴニクに来るがいい」と言ったという。城壁で囲われた旧市街には中世以来の教会や宮殿などが所狭しと並び、一九七九年には早くも世界遺産に登録された。ドゥブロヴニクには世界中から数多くの観光客が訪れ、近年、日本の観光業界からも熱い視線を送られている。ドゥブロヴニクはクロアチア随一の観光都市だ。

イタリアの香りが残り、温暖な気候と美しい海に恵まれたダルマツィア。スラヴ世界の広さと多様さを実感させられる地域だ。

エランを生んだ国、スロヴェニア

ウインター・スポーツの代表格、スキー。このスポーツに多少なりとも親しんだことがある人なら、エランというスキー・メーカーをご存じだろう。だが、このスキーがどこの国のものかは、意外と知られていない。エラン、——それはスラヴの小国、スロヴェニアが生み出した世界的ブランドなのだ。

四国ほどの面積に、約二〇〇万の人が暮らすスロヴェニアは、スラヴ圏ばかりか、ヨーロッパの国々の中でも、日本人にとって最もなじみの薄い国のひとつかもしれない。日本でスロヴェニアというと、スロヴァキアと混同されて、「ああ、あのチェコと別れた国」などという答えが返ってくる。経済関係にしても、二〇一一年の対スロヴェニアの輸出総額は六六億五〇〇〇万円、輸入総額は四四億三〇〇〇万円にすぎない。

ところが、スロヴェニアはスラヴの国々の中では経済的な先進国なのである。旧ユーゴスラヴィア時代には連邦内で経済的に最も進んだ地域であったこの国は、IMFのデータによると、二〇一一年の国別一人当たりのGDPは二万四五三三ドルで世界三〇位であった。これはスラヴの国々の最上位であり、三四位の韓国よりも上位に位置する。また、二〇〇四年にEUに加盟したスロヴェニアは二〇〇八年一月から六月まで、旧社会主義国としては初めてＥＵの議長国を務め、小国ながらも政治的手腕を発揮した。

旧ユーゴ時代には連邦内の先進工業地域であったスロヴェニアでは、製造業を中心に様々な工業が発達しているが、観光業もこの国の経済を支える大きな柱になっている。首都リュブリャナはハプスブルク家の面影が残る美しい街であるし、南西部のアドリア海沿岸はリゾート地だ。さらに、西部には特徴的なカルスト地形が広がっているが、「カルスト」という用語自体、スロヴェニアのクラスという地名に由来するのである。スロヴェニアのカルスト地帯は鍾乳洞の宝庫であり、特に総延長二三キロメートルに及ぶポストイナ鍾乳洞は圧巻だ。

スロヴェニアはこのように観光地には事欠かないのだが、この国の観光の目玉は、なんといっても北部の美しい山々だろう。

スロヴェニアはアルプス山脈の南端に位置し、北側の国境はオーストリアと接しているが、その美しい山岳地帯は世界中から数多くの人々をひきつけている。自然そのものを目的とする人、登山やスキーを楽しむ人などだ。特にイタリア寄りにある標高二八六三メートルの、スロヴェニアの、そして旧ユーゴ全体の最高峰であるトリグラウ山一帯が有名である。「三つの峰」という意味のこの山はスロヴェニアのシンボルであり、国旗や国章にデザインされている。山麓にはブレッドやボヒニなどの氷河湖があり、一帯は国立公園に

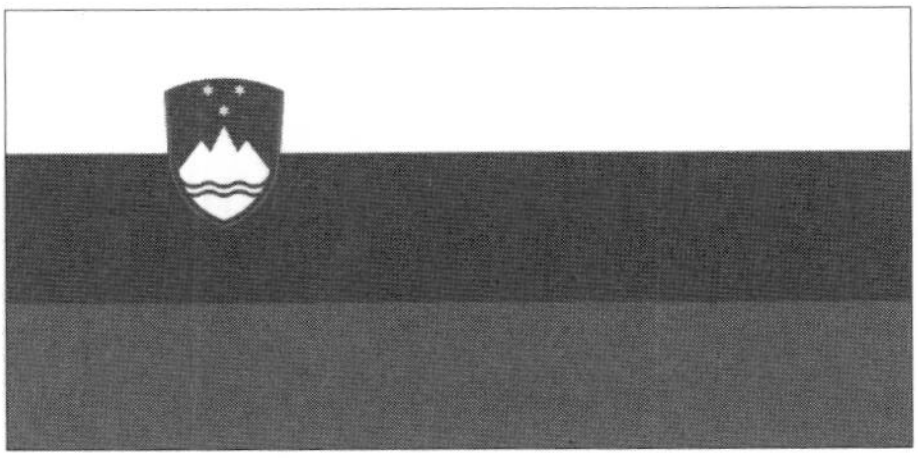

スロヴェニアの国旗。左上部にこの国のシンボル、トリグラウ山がデザインされている

トリグラウ国立公園内のブレッド湖の眺め。この湖は氷河からできたもので、人気の高い観光スポットである

スロヴェニアの首都リュブリャナ。600 年以上続いたハプスブルク家支配の面影を随所にとどめている

なっている。

ウインター・リゾート地としては、オーストリアとイタリアの国境に近いクラニスカ・ゴラが最も有名だろう。ここでは、アルペンスキーのワールドカップがほぼ毎年開催されている。ゲレンデも宿泊施設も整ったこの地は、スロヴェニアばかりでなく、世界中のスキー・ファンが一度は訪れてみたいと思う場所だ。また、クラニスカ・ゴラの近くには、ヒルサイズ二一五メートルの世界最大級のスキー・ジャンプ台を擁し、フライング選手権も開かれるプラニツァがある。

前述のエラン社もオーストリアとの国境に近い、人口わずか一〇〇〇人ほどのベグニェ・ナ・ゴレニスケムという小さな村に本社を置いている。エラン社はルディ・フィンジガルという人物によって一九四五年に設立され、一九七〇年代に入ってから、スウェーデンが生んだ不世出の天才スラローマー、インゲマル・ステンマルクとともに世界的名声を確立していった。ステンマルクはユーゴスラヴィアというスキーの世界ではマイナーな国のスキーを一貫してはき続け、ワールドカップ通算八六勝という不滅の記録を打ち立てたのである。

ステンマルクが活躍していた頃、ユーゴスラヴィアからもアルペンスキーのスターが生まれている。それはベグニェ・ナ・ゴレニスケムにほど近いトルジッチに生まれたボヤン・

クリジャイだ。彼もまたエランのスキーで世界的に活躍し、サラエヴォ・オリンピックでは選手宣誓を務めた。

エランの製品はアルペンばかりでなく、ジャンプ用のスキーでも知られ、日本にも栄光をもたらしてくれた。一九九八年の長野オリンピックのジャンプ団体で金メダルを獲得した日の丸飛行隊のメンバーのひとり、斎藤浩哉選手はエランのスキーで長野の空を飛んだのである。エラン社は今ではスキーだけでなく、スノーボードも生産しているが、これも世界的に評価が高い。エラン社は先進のテクノロジーとモノづくりに対する真摯な姿勢で知られるが、勤勉さと頑固さというスロヴェニア人の気質がその製品にも表れているようだ。

オリンピックといえば、二〇一四年にロシアのソチで冬季オリンピックが開催される。スラヴ圏では一九八四年のサラエヴォ以来二度目となる冬季オリンピックだ。こうした世界の大舞台でも、エランのスキーやスノーボードをはいた選手が活躍するはずである。

【増補版追記】エラン社は二〇一六年にジャンプ用のスキー板の製造から撤退した。この事業を引き継いだのは、同じスロヴェニアの企業スラットナー社である。なお、日本の高梨沙羅選手はエラン時代からこのスロヴェニアの板を履き続けている。

ボシュニャク人
――スラヴ人のイスラム教徒――

複雑な民族構成で知られる旧ユーゴスラヴィア地域。なかでも、ユーゴ崩壊に伴う紛争で最悪の戦場となったボスニア・ヘルツェゴヴィナはその象徴だ。

バルカン半島の北西部に位置するボスニア・ヘルツェゴヴィナは、イスラム教徒が最大の宗教集団を成す、ヨーロッパにおいて珍しい国だ。この国に多数のイスラム教徒が暮らすことはユーゴ内戦で日本でも知られるようになったが、それではこれらの人々がどのような人たちなのか、また、なぜこの地にイスラム教徒が多いのかはあまり知られていない。それ故、イスラム教徒というだけで、ボスニア・ヘルツェゴヴィナのイスラム教徒もアラブ系の人々なのではないかと誤解している人もいる。ところが、ボスニア・ヘルツェゴヴィナのイスラム教徒はスラヴ系の人々なのである。それでは、スラヴ人がなぜイスラム教徒になったのだろうか。

ボスニアにスラヴ人が定住し始めるのは六世紀後半頃からで、南部と東部にセルビア人、北部と西部にクロアチア人が定住した。ボスニア王国という統一国家が建設されるのは一二世紀後半と遅れたが、一四世紀には衰退しつつあったセルビア王国に代わり、南スラヴ最強の国家となった。しかしその後、内紛が続き、一五世紀後半にはオスマン帝国の支配下に入り、以後、約四〇〇年にわたってオスマン帝国の統治を受けるのである。

このオスマン支配の時代、ボスニア・ヘルツェゴヴィナの多くのキリスト教徒がイスラムに改宗するのである。キリスト教の東西両教会の分岐点に位置するこの地域では、激しい布教争いが繰り広げられ、正教徒もカトリック教徒も存在したが、中世ボスニアのキリスト教で特徴的なのは、ボゴミル派という異端が広く浸透していたことである。ボゴミル派というのは一〇世紀前半にブルガリアの司祭ボゴミル（「神に愛されし者」の意）が興したとされる異端で、善と悪の二元論に基づき、教会や国家の権威を徹底的に否定するものであった。ボゴミル派がボスニアに普及するのは一三世紀頃からで、一時国教の地位を得るほどボスニアの歴史に大きな影響を及ぼすのだが、しかし結局は異端として弾圧された。キリスト教徒の中でもこのボゴミル派の人々が特に大量に改宗するのである。

このように、ボスニア・ヘルツェゴヴィナのイスラム教徒はもともと、オスマン帝国統治下でイスラムに改宗したセルビア人かクロアチア人なのである。彼らは「スラヴ人のイスラム教徒」なのだ。

しかし、彼らはセルビア人やクロアチア人であっても、宗教の違いから、独自の民族集団であるという意識を持つようになり、ボシュニャク人と名乗るようになった。この名称

ボスニア・ヘルツェゴヴィナ中央部の町、トラヴニクのモスク。この国最大の民族はイスラム教徒のボシュニャク人だ

サラエヴォのラテン橋。第１次世界大戦のきっかけとなったサラエヴォ事件はこの近くで起こった

は「ボスニア」という語から派生したもので、オスマン時代の初期の頃から使用されていた。しかし、ボシュニャク人という民族は旧ユーゴスラヴィア時代、公式に認められることはなかった。その代わり、一九七一年のセンサスからようやく「ムスリム人」という民族区分が正式に採用されるようになったのである。「ムスリム」というのは本来イスラム教徒を意味する言葉で、民族名ではないのだが、宗教に基づく独自の民族概念として用いられるようになったのだった。ボシュニャク人という民族区分を認めたくない政権側の妥協の産物とも言えよう。

旧ユーゴ全体のムスリム人は約二〇〇万人で、セルビア人、クロアチア人に次ぐ第三の民族グループを構成し、その圧倒的多数がボスニア・ヘルツェゴヴィナに居住していた。ユーゴスラヴィアが崩壊する一九九一年のセンサスでは、ボスニア・ヘルツェゴヴィナの総人口四三六万人のうち、約四四パーセントをムスリム人が占め、三一パーセントのセルビア人、一七パーセントのクロアチア人を優に凌ぐ第一の民族だった。この状況は今でも基本的には変わらない。

旧ユーゴ時代、この国のイスラム教徒はムスリム人と呼ばれていたわけだが、ユーゴスラヴィアが崩壊すると、今度はムスリム人と呼ばれていた人々は自分たちはボシュニャク人だと主張し始めた。それまで認められなかった歴史的呼称が復活したのである。

しかし、旧ユーゴ全域でムスリム人がボシュニャク人になったかというと、そういうわけではない。ボスニアと結びつきが強いこの名称を拒否しているムスリム人もいる。ボスニア・ヘルツェゴヴィナ以外の旧ユーゴ諸国のセンサスを見ていると、ボシュニャク人と並んで、ムスリム人という民族区分が依然として見られるのである。

一九九二年に独立を宣言したボスニア・ヘルツェゴヴィナは、三年半におよぶ凄惨な内戦を経て、ボシュニャク人とクロアチア人主体のボスニア・ヘルツェゴヴィナ連邦と、セルビア人主体のスルプスカ共和国（セルビア人共和国）の二つの構成体から成る連合国家となった。一応の帰結を見たが、しかし、民族的・宗教的対立が解消したと言えるような状況には決してない。この国出身の、サッカーの元日本代表監督で、ユーゴスラヴィア代表最後の監督でもあったイヴィツァ・オシムのように、そうした対立を乗り越えられる人ばかりではないのだ。

吸血鬼の原郷、スラヴ世界

夏といえば怪談の季節だが、ヨーロッパを代表するホラー物として広く知られているのが、吸血鬼の物語だ。

吸血鬼の故郷と考えられているのは、普通、ルーマニアのトランシルヴァニア地方だろう。この地方が吸血鬼の故郷とされるようになったのは、アイルランドの作家ブラム・ストーカーの小説『吸血鬼ドラキュラ』（一八九七）による。この恐怖小説は、新たな生贄を求めてトランシルヴァニアからロンドンにやって来たドラキュラ伯爵を主人公とするが、ストーカーがこの人物を造形するにあたってモデルとしたのが、一五世紀中頃のトランシルヴァニア出身のワラキア公ヴラド三世だったのである。

「ドラキュラ」という名前自体、ヴラド三世の通称「ドラクレア」に由来する。「ドラクレア」とは父親のヴラド二世の通称「ドラクル（竜公）」からとられたもので、「竜の息子」、「小竜公」という意味である。

そして、ヴラド三世にはもっと広く知られた別の通称がある。それは「ツェペシュ」、つまり「串刺し公」というものだ。彼は残忍さで知られ、国内外の数多くの敵を串刺しにして処刑したという。こうしたヴラド串刺し公の所業がストーカーの文学的想像力を刺激して、『吸血鬼ドラキュラ』は生まれたのである。もっとも、彼の残忍さは敵対していたハンガリー王によって流された中傷であるとも言われており、ルーマニアでは祖国独立のために戦った英雄として評価されている。

ところで、吸血鬼の故郷とされているルーマニアでは、社会主義政権が崩壊するまでドラキュラの物語はほとんど知られていなかった。この小説がルーマニア語に翻訳されたのは意外なほど遅く、ようやく一九九〇年になってからである。また、ヴラド三世にまつわる吸血鬼の記録や伝承はまったくない。それもそのはずである。吸血鬼の本当の故郷は、非スラヴの国ルーマニアではなく、スラヴ世界、とりわけ南スラヴのバルカン地域であるからだ。

スラヴ世界では吸血鬼伝説は古くから知られていた。それはスラヴ人がキリスト教を受容する以前の異教時代に遡る。異教時代の世界観を伝えるフォークロアやキリスト教受容以後の、いわゆる「二重信仰」の中に、吸血鬼信仰は明確に認められるのである。

吸血鬼とは、肉体をとって墓から帰還し、人間の生血を吸って生きながらえる死者である。吸血鬼となって蘇るのは、罪人や悪人、自殺者や不自然な死に方をした者、赤い羊膜をつけて生まれてきた者などとされている。また、不浄な鳥や動物がその上を飛び越えて影を落とされた死体も吸血鬼になるとされているが、こうした考え方は罪人は母なる大地

15 世紀のワラキア公ヴラド・ツェペシュ（串刺し公)。ストーカーの小説『吸血鬼ドラキュラ』のモデルとなった

バルカン半島に位置するセルビアの首都ベオグラード。吸血鬼の原郷はバルカンのスラヴ地域である

がその肉体を受け入れてくれないというスラヴ人の観念に由来している。

原郷であるスラヴ世界の吸血鬼の姿だが、それはストーカーの小説やその後の映画などで描かれるドラキュラのイメージからはほど遠く、グロテスクで、おどろおどろしい。一例を挙げてみよう。バルカン地域のスラヴ人が想像する吸血鬼の姿は次のようなものであった：充血した眼を大きく見開き、頬は血のように赤く、上唇が裂けた口からは血を滴らせている。身体は白く、骨も肉もなく、皮膚と血だけからなるので空気を入れたようにふくらんでいる。

これが吸血鬼本来の姿と言えようが、古城の城主で、いかにも貴族的な容貌をしているドラキュラとは、まったくかけ離れている。

また、吸血鬼信仰と人狼信仰が密接な関係にあるということも、いかにもスラヴらしい。人間がある期間狼に変身するという人狼信仰はスラヴ民族の間に広く知られているが、南スラヴでは吸血鬼と人狼が同一視される場合が多く、吸血鬼は一定期間必ず狼に変身すると信じられていた。さらに、語源的に「狼の毛皮を着た者」を意味するセルビア・クロアチア語の vukodlak という語は人狼だけでなく、吸血鬼も意味するのである。

それでは、生者に害をもたらす吸血鬼を退治するにはどうしたらいいのだろうか。吸血鬼を退治するためには、その墓をあばき、死体にサンザシの杭を打ち込み、死体を完全に焼却しなければならない。吸血鬼は身体の小さな部分でも残っている限り、蘇るからである。

吸血鬼の原郷であるスラヴ世界では、吸血鬼信仰は決して遠い過去の話ではない。二〇世紀、あるいは二一世紀に入ってからでさえ、ここでは吸血鬼事件が報告され、吸血鬼を退治するために死体を掘り起こして焼却したりしている。最近でも、ブルガリアで胸に鉄杭を打ち込まれたり、鉄製の留め具で固定された人骨が続々と発見され、日本のマスコミでも報道されるほど話題となった。それらは死後吸血鬼として蘇らないための儀式を施された死者の骨、つまり「吸血鬼の骨」なのだ。「吸血鬼の骨」はここ一〇年で一〇〇体以上発見されているという。

世界的によく知られている吸血鬼の原郷がスラヴにあるとは、この世界の奥深さを示すひとつの例ではないだろうか。

ロマ
――やまない差別と迫害――

インド起源の「流浪の民」、ロマ。かつては「ジプシー」と呼ばれたが、差別的な呼称であるとして、最近では「ロマ」と呼ばれるようになってきた。「ロマ」とは、彼らの用いる印欧語族のロマニ語で「人間」を意味する「ロム」の複数形である。

ロマは伝統的に非定住という生活様式を送り、主流社会から切り離され、長い間文字を持たず、自ら歴史を語ることがなかった。そのため、彼らの実像を把握することは非常に難しい。彼らにまつわるイメージも、実体を反映していない場合が多い。また、その特異な生活様式や社会的地位のため、彼らを統計的に把握するのも極めて困難だ。そもそも彼らの人口がどれくらいなのかさえ、正確には分からない。各国のセンサスも当てにならない。彼らは差別を恐れて、自らはロマと名乗らない場合が多いのである。一般的には、現在、世界中におよそ一〇〇〇万人のロマが存在すると考えられている。

インド起源についても、不明な点が多い。彼らがいつ、どのような理由でインドを出たのかも正確なところは解明されていない。彼らがインドを出発したのはおそらく一〇世紀頃と考えられているが、そこから西に進み、一一世紀にはバルカン半島の各地に住みつい

チェコで見かけたロマの子供たち。旧東欧諸国にはバルカン半島を中心に、数多くのロマが暮らしている

1971年に開催された第1回世界ロマ会議で承認されたロマ民族の旗。中央の輪（チャクラ）はインド起源であることを表す

ていた。そこから中欧、さらには西欧や東欧へも拡散し、一五世紀にはロマはヨーロッパ各地で記録されるようになるのである。

ロマは現在、東アジアを除く全世界に暮らしているが、今でも最も多く存在するのは彼らにとってのヨーロッパの入口となったバルカン半島とその周辺地域である。例えば、二〇一一年のセンサスではルーマニアには全人口の三・二パーセントの六一万九〇〇〇人のロマが、ブルガリアには全人口の四・九パーセントの三二万五〇〇〇人のロマが暮らしていた（これはあくまでもセンサスの統計値であり、ルーマニアには最大で二五〇万人の、ブルガリアには最大で八〇万人のロマが暮らしているという推計値もある）。つまり、バルカン半島を中心とした旧東欧地域がロマの第二、第三の故郷と言っても、過言ではないのだ。そもそもロマという呼称自体、もともとはジプシーと呼ばれてきた人々の総称ではなく、中・東欧系のジプシーを指す言葉なのである。そのため、フランスやスペインなどのジプシーはこの名前で呼ばれることを拒否している。

ロマの歩んできた歴史は差別と迫害の歴史であった。褐色の肌、黒い瞳、漆黒の髪といった独特な外貌をし、定住せず、勤勉な労働に従事しているとは思えない彼らは、社会秩序を乱しかねない「害悪」であった。そのため各国の権力は彼らを排除しようとした。ロマがヨーロッパ全土で見られるようになった一五世紀以降、各国でロマ追放令が出されている。これに違反して捕まれば、耳や鼻をそぎ落とされたり、縛り首になったりした。差別と迫害の対象となった彼らは、そうして社会の最下層部に追いやられたのである。

迫害の最たるものはナチス・ドイツによるものだろう。ユダヤ人が民族絶滅政策の対象になったことはよく知られているが、ロマもまたその対象とされた。ナチスによるジプシー絶滅政策は「ポライモス」と呼ばれるが、これはロマニ語で「食らい尽くすこと」という意味である。犠牲者の数は確定されていないが、五〇万人のロマが犠牲になったと考えられている。

二〇世紀に入って、東欧各国で社会主義政権が成立すると、民族の平等を謳ったこの政権は当初はロマの境遇改善を図った。しかしそれも長続きせず、結局はロマの民族としての独自性は否定され、強制的な定住・同化政策がとられた。また、社会主義になったからといって、ロマに対する差別や嫌悪の感情が消えることはなかった。こうした感情は社会主義時代には大規模に表面化することはなかったが、一九八九年に始まる東欧革命後、上からの抑圧がなくなると、それが爆発するようになった。経済混乱や政情不安がそうした動きにいっそう拍車をかけた。不安や不満を社会的弱者に向けたのである。その結果、各国でロマ襲撃事件が頻発するようになり、放火や爆発物によって命を奪われる事件もたびたび起こった。

そして、残念ながら、ここ数年、旧東欧諸国におけるロマ迫害は再び強まっているようだ。リーマン・ショックを契機とした世界的な経済危機がその大きな原因となった。ロマへの襲撃事件や殺害事件は増加し、ロマ排斥を掲げる極右政党が躍進するようにもなった。ただし、そうした動きは旧東欧諸国に限ったことではない。フランスでも二〇一〇年夏、違法キャンプをしているロマを摘発し、旧東欧の出身国へ送還する措置が取られ、国際的な問題になった。

旧東欧諸国にロマが多いということは、ルーマニアやハンガリーなど非スラヴの国もあるが、彼らが長期にわたってスラヴ民族の隣人であったことになる。もちろん、平和に共生してきたわけではなく、ロマは差別と迫害の対象としての隣人であった。また、そうした状況は旧東欧地域に限ったわけではない。ロマ問題には人類共通の差別の構造が見てとれるのである。

第４章　スラヴの芸術とスポーツ

チェーホフとサハリン

――チェーホフ生誕一五〇年に寄せて――

二〇〇九年に刊行された村上春樹の小説『１Ｑ８４』が驚異的なベストセラーとなり、文学界を超えた大きな話題となったことは、記憶に新しい。この『１Ｑ８４』ブームがひとりのロシアの作家にも波及した。その作家とは、二〇一〇年に生誕一五〇年を迎えたアントン・チェーホフである。『１Ｑ８４』にはチェーホフの『サハリン島』が引用され、チェーホフの言葉を口にするサハリン生まれの人物が登場するのだ。『１Ｑ８４』ブームのおかげで、絶版だった『サハリン島』の翻訳が復刊、それも複数の翻訳が復刊された。

チェーホフは明治時代に初めてその作品が紹介されて以来、日本でも愛され続けてきた作家だ。短編小説の名手であり、優れた戯曲家でもある彼は、正宗白鳥、広津和郎、井伏鱒二、

サハリン州の州都ユジノ・サハリンスク。チェーホフの時代にはウラジーミロフカと呼ばれていた

サハリン滞在中、チェーホフが日本領事館員たちと行ったピクニックでの写真。前列左端がチェーホフ

太宰治といった作家に影響を与えてきたし、また、その戯曲は日本の近代演劇の成立に大きな役割を果たした。だが、『1Q84』によって脚光を浴びることになった『サハリン島』は、チェーホフの作品の中でも異色だ。というのも、この作品は小説や戯曲ではなく、チェーホフが決死の覚悟で赴いたサハリン島に関するルポルタージュだからである。

チェーホフは一八九〇年、三〇歳の時にサハリン旅行を敢行する。サハリンは当時、一般のロシア人にとって、文字通りの地の果てだった。距離的には言うまでもなく、心理的にもそうだった。はるかかなたの東の端に浮かぶこの島は、流刑の島であったからである。サハリンに行くこと自体、今日では想像もつかないような困難なことだった。シベリア鉄道はまだ着工されさえしていなかったので、広大なシベリアの大地を何千キロも馬車で横断しなければならなかったのである。しかも、普通の道ではない。でこぼこの、泥だらけの悪路をである。チェーホフは四月にモスクワを出発し、約三カ月かけてサハリンに到着するが、あまりの悪路のために、乗っていた馬車から放り出されることもあった。また、春とはいえ、シベリアの寒さは厳しかった。すでに結核にかかり、喀血も見ていたチェーホフにとっては、まさに命がけの大旅行だったのである。事実、チェーホフは旅行前、知人への書簡の中で遺言めいたことを書いている。

この無謀とも思える大旅行を決意したチェーホフの動機については、はっきりしたことは分かっていない。次兄ニコライの死、「無定見、無思想」といった文壇からの批判、創作活動の行き詰まり、旅への憧れ、といった様々な説が提起されてきたが、チェーホフ自身、その理由を明確にすることはなかった。だが、彼は出発直前まで地理学、考古学、刑法学、刑務所関係資料等、サハリンに関するものなら何でも読み、入念に下調べして旅行に備えた。彼は七月からおよそ三カ月間サハリンに滞在したが、その間精力的に島に暮らす囚人や島の実情を調査した。彼は自ら調査カードを作成して、約一万人の調査を行った。「僕と話をしなかったような徒刑囚や流刑囚は、サハリンにはひとりもいない」と言うほどの仕事ぶりだった。

こうしてチェーホフはサハリンで「すべてを見た」。サハリンは「まったくの地獄」だった。この流刑の島での経験から生まれたのが、一八九三年から発表され始め、一八九五年に単行本として刊行された『サハリン島』なのである。厳しい気候、官憲の横暴、強制労働といった条件のもとで、肉体的にも精神的にも滅んで行く囚人たちの悲惨な状況を明らかにしたこの著作は、ロシア社会に衝撃を与えた。その衝撃はやがてサハリンへの寄付行為や、図書館や学校などの建設となり、また、当局をも動かして、実情調査が行われたりした。

さて、チェーホフは一〇月にサハリンを離れると、往路とは異なり、インド洋周りの海路で帰って行く。日本海も航行し、香港などにも立ち寄っているが、旅行前から楽しみにしていた日本訪問は果たせなかった。日本でコレラが流行していたために、断念せざるを得なかったのである。

日本訪問は果たせなかったものの、チェーホフはサハリンで日本人と交流している。当時、サハリンには日本領事館があり、そこの外交官たちと行き来し、交流を重ねているのだ。『サハリン島』にもその様子が語られ、チェーホフは彼らの語学力に感心し、彼らに「デリケートで、感じのよい人たちだ」と好印象を抱いている。『サハリン島』にはさらに、アイヌの人たちや、ロシアと日本の関係、間宮林蔵のことなどが語られている。また、チェーホフはサハリンに行く途中、シベリアのブラゴヴェシチェンスクで日本女性と接している。いわゆる「からゆきさん」で、シベリアにもそうした人々がいたのである。

現在、サハリンでは日本の商社も出資している「サハリンプロジェクト」と呼ばれる大規模な油田・天然ガス田の開発が行われている。政治が絡んで紆余曲折があるが、日本のエネルギー戦略の上でも重要なプロジェクトだ。脱原発の流れが加速すれば、重要性は一層増すだろう。サハリンでの最先端技術による開発というのは、チェーホフが一二〇年前に決死の思いでこの島を訪れた時とは、まさに隔世の感がある。チェーホフなら、現在のサハリンをどう思うだろうか。

ゴーゴリ生誕二〇〇年

――ロシアとウクライナの新たな火種――

一九世紀ロシア文学を代表する作家のひとり、ニコライ・ゴーゴリ。ドストエフスキーが言ったとされる「われわれはみな、ゴーゴリの『外套』から出てきた」という言葉は、彼の偉大さを端的に示している。

二〇〇九年はゴーゴリ生誕二〇〇年にあたった。モスクワにはロシアで初めてのゴーゴリの博物館が開館されるなど、各地で記念イヴェントが催され、ロシア文学の世界は祝祭ムードに包まれた。だが、この偉大な作家がぎくしゃくした関係にあったロシアとウクライナの新たな火種となってしまった。ロシア語作家であるとはいえ、ウクライナ出身であるゴーゴリについて、「ゴーゴリはウクライナの作家だ」という主張がウクライナ側から聞かれるようになったからである。

ゴーゴリは一八〇九年三月、ウクライナのソロチンツィでウクライナ人の小地主の家庭に生まれた。故郷ウクライナはゴーゴリの作家としての成功に不可欠な役割を果たした。彼が文名を確立するのは、故郷ウクライナを舞台にした『ディカニカ近郷夜話』という物語集によってなのである。当時、ロシアではロマン主義が高揚を見せ、ロシアの源とも言えるウクライナに対する関心が高まっていたが、ゴーゴリはこの流れに乗ったわけである。この物語集を構成する八編の作品と、同様にウクライナを舞台とする後の『ミルゴロド』という物語集を構成する四編の作品は、「ウクライナもの」と総称され、ゴーゴリの創作の重要な核のひとつになった。

「ウクライナもの」には、ウクライナの民間伝承に取材した、陽気で、ファンタスティックな作品が多い。笑いと風刺、さらには「ただの語り口から直接的に生きた人間が発生する」とナボコフが評した特異な文体といった、ゴーゴリの特徴がこれらの作品にも十分に感じられる。また、悪魔や悪霊が跋扈《ばっこ》するその作品世界は、ファンタスティックを通り越して、怪奇性や恐怖を感じさせるものでもある。

ゴーゴリはウクライナを題材に小説を書いただけではない。彼はウクライナの歴史にも強い関心を示し、結局、計画倒れに終わったものの、ウクライナ史に関する大作を目論んだこともある。

こうしてみると、「ゴーゴリはウクライナの作家だ」という主張にも、それなりの理があるように思える。しかし、ゴーゴリの文章言語はロシア語だった。もちろん、彼はウクライナ語を知らなかったわけではない。彼はウクライナ語も自由に操れた。だが、彼が文章を書く際に用いた言語は、もっぱらロシア語だったのである。それは文学作品の場合だ

2009年に生誕200年を迎えたニコライ・ゴーゴリ（F.A.モレルによる肖像画、1841年）。下はゴーゴリ直筆のサイン

モスクワ・ノヴォデーヴィチー修道院にあるゴーゴリの墓。彼は断食の末、自殺のように生涯を閉じた

けではない。彼は書簡もロシア語で書いているのである。ウクライナに宛てた私信の場合もそうだった。彼がウクライナ語を用いて書いたのは、生涯を通じて、ひとつのエピグラフと一通の手紙だけだったという。

ゴーゴリにとり、文章言語はロシア語以外にあり得なかった。それは、彼と同時代にウクライナ語で創作を行い、ウクライナの国民詩人となったシェフチェンコの評価をめぐっての彼の言葉にも表れている。ゴーゴリは「われわれはロシア語で書かなければならない。われわれと血の繋がっているすべての民族にとって命令的なひとつの言語（ロシア語のこと――筆者注）を支持し、強固にしようとしなければならないのだ」と語っているのである。

ゴーゴリがロシア語作家であることに、異論の余地はない。それでも、ウクライナ側は譲らない。ユシチェンコ大統領（当時）の「ゴーゴリは疑いなくウクライナのものだ。彼はロシア語で書いたが、ウクライナ語で思索していた」などという首を傾げたくなるような発言にも表れているように、強引にでも自国の作家にしようとしている。さらに、ウクライナ政府はゴーゴリの全作品をウクライナ語に翻訳することを計画している。これに対し、ロシア側からは「ゴーゴリの作風を損なう」、「ゴーゴリの作品の価値をおとしめる」といった反発が出ている。ロシア側からすれば、ゴーゴリがロシアの作家であるのは自明の理で、ゴーゴリがロシアの作家でないなどということは、単にあり得ないことなのだ。もっとも、今回の論争には、不毛性を感じざるを得ない。そもそもゴーゴリは国境が今とは異なる帝政ロシアの作家だし、ウクライナ側の主張も、文学的な問題ではなく、政治性を帯びたものだからだ。そこには、親欧米のユシチェンコ政権の反ロシア的態度が透けて見えるのである。

ゴーゴリがあの世でこの騒ぎを知ったら、どうするだろうか。彼は保守的な愛国主義者だったが、その愛国主義はロシア、ウクライナのどちらに働くだろうか。あるいは、こんな騒動に驚いて、逃げ出すかもしれない。思えば、彼の作家としての生涯は逃亡の連続だった。処女作の大失敗によって国外に逃げ出すことから始まり、その後も、『検察官』をめぐる激しい論争に動転して国外に逃亡したりしている。精神的なもろさのあるゴーゴリには、きっとこんな騒動は耐えられないだろう。

演劇大国、ロシア

「ロシア＝芸術の国」というイメージは、広く定着していると言っていいだろう。それでは、芸術のジャンルとして思い浮かべるのは何だろうか。多くの人は文学や音楽を思い浮かべるだろうが、ロシアはまた世界有数の演劇大国でもあり、日本の演劇にも大きな影響を及ぼしてきたのである。

ロシアの演劇史は、公式的には、一六七二年にアレクセイ・ミハイロヴィチ帝の宮廷で芝居が上演されたことに始まるとされる。しかし、民衆文化のレベルでは、「演劇本能」とも呼ばれるロシア人の演劇好きは古代から発揮されてきた。様々な儀礼や祝祭には演劇的要素が濃厚に見られ、特に、ロシアがキリスト教を受容する以前の異教的色彩の強い冬送りの祭り、マースレニツァ（カーニヴァル）ではそうだった。こうした祝祭には、大道芸や人形劇が披露され、見世物小屋が立ち並んだのである。

ここで活躍したのが、スコモローヒと呼ばれる放浪の旅芸人たちだった。彼らは民族楽器グースリなどに合わせて歌い踊り、人形劇やのぞきからくりを見せ、熊に芸をさせるなどして、集まった人々を楽しませ、お祭り気分を盛り上げた。特に、ペトルーシカを主人公とする人形劇は人気が高かった。二〇世紀にストラヴィンスキーがバレエにした、あの人形劇である。

スコモローヒは異教文化の体現者としてキリスト教会側から迫害され、辺境の北ロシアやシベリアに追いやられ、表舞台から姿を消してしまう。だが、その非自然主義的性格や祝祭性は後述のメイエルホリドらのアヴァンギャルド演劇によって再評価され、新たな演劇の重要な要素となるのである。

さて、一七世紀後半に宮廷で始まったとされるロシア演劇だが、その後、宮廷だけでなく、貴族も邸宅に劇場を設け、農奴たちに芝居をやらせるようになっていく。とはいえ、近代化の遅れたロシアでは、他の分野と同じく、演劇でもしばらくは外国人の果たす役割が大きかった。ロシアの演劇が自立し、国民演劇が確立されるのは、「ロシア国民演劇の父」と称されるアレクサンドル・オストロフスキーが登場する一九世紀後半まで待たなければならなかった。オストロフスキーはロシア民衆の風俗やロシア人の国民的性格を描いた『内輪のことだ、あとで勘定を』や『雷雨』といった数多くの戯曲を生み出し、また、文芸部長を務めたマールイ劇場を舞台に演劇改革に取り組んだのである。

一九世紀末になると、ヨーロッパ各地で新しい演劇を求める近代劇運動が高揚していく。その動きはロシアにも伝播した。ロシアにおける新たな演劇の象徴として登場するのが、一八九八年にスタニスラフスキーとネミロヴィチ＝ダンチェンコによって創設されたモス

ボリス・クストジエフ『マースレニツァ』(1919年)。右手に描かれているのが見世物小屋で、多くの人でにぎわっているのが分かる

モスクワ芸術座はソ連末期に「チェーホフ記念」と「ゴーリキー記念」の二つの芸術座に分裂した。写真は前者のもの

クワ芸術座である。

リアリズム演劇の世界最高峰と讃えられるようになっていくこのモスクワ芸術座は、日本の演劇界、特に、近代的な演劇を確立しようとして、明治末期に始まった新劇運動に大きな影響を与えた。それは自由劇場、築地小劇場で活動し、新劇界のリーダーとなった小山内薫の演劇理念と実践に明確に表れている。彼があるべき演劇のモデルとしたのが、モスクワ芸術座だったのである。

活動当初よりヨーロッパの近代劇運動に注目していた小山内は一九一二～一三年にヨーロッパを巡り、各地の演劇を見て回った。いくつもの舞台を見る中で、彼が最も感銘を受けたのがモスクワ芸術座の舞台であり、スタニスラフスキーの演出法だった。小山内は精緻な演出に基づいた、集団のアンサンブルによって統一された舞台に魅了された。彼は「殆ど〈理想〉そのもののように見える芸術座のやり方を手本にして、少しでもそれに似た道を歩きたいものだ」と思った。そのために、彼はモスクワ芸術座の演出プランが記されたノートを常に手に持って、演出にあたった。そうすることによって、築地小劇場時代の盟友土方与志も言うように、「『モスクワ芸術座』の諸演出を実に、克明に日本の舞台に移植」したのである。

このように日本の近代劇成立にも大きな役割を果たしたロシア演劇だが、ソヴィエト時代になってからも、ロシア人の演劇熱は弱まることはなかった。ロシア革命直後には、一層の高まりを見せたとも言えよう。この時代には、メイエルホリド、エヴレイノフ、タイーロフといった前衛的な演出家が登場し、彼らの手によって、街頭や広場を舞台に多数の市民が参加する大規模な群集劇が繰り広げられたり、全国的に演劇サークルが無数に生まれたりしているのである。革命の熱気が過ぎても、演劇人気は高いままだった。人気劇場のチケットは非常に入手困難で、劇場の周りには、チケットを求める大勢の人の姿があったのである。また、時代的にいかに困難であれ、実験精神が失われることはなかった。リュビーモフが主宰したタガンカ劇場が何よりもその証左となるだろう。

もちろん、今でもロシア人の演劇好きは健在だ。ロシアには数えきれないほどの劇団があり、演劇活動は活発に行われている。また、演劇大学等、多くの演劇教育機関もあって、俳優や演出家の層の厚さは世界に誇る。ロシアはまさに〝演劇大国〟なのである。

〝前衛《アヴァンギャルド》〟のロシア

「アヴァンギャルド avant-garde」とは本来、フランス語の軍隊用語で「前衛」を意味する。それが二〇世紀初頭より、芸術上の革新運動をも意味するようになったのである。

ロシアに「前衛」という形容辞をつけると、芸術のそれではなく、政治的前衛という意味を想起する人も多いだろう。たしかに、世界初の社会主義革命を果たしたロシアはかつては政治的前衛に位置していた。しかし、前衛の位置にとどまり続けることがなかったのは、歴史的に証明されている。一方、芸術的前衛としてのロシアだが、ロシアは政治的前衛に上りつめたのとほぼ同じ、今から一〇〇年ほど前の二〇世紀初頭、あらゆる芸術の分野で革新を果たそうとした世界でも稀なアヴァンギャルドの国であったのである。

一九世紀ロシアの芸術は、文学ではトゥルゲーネフやドストエフスキーやトルストイ、美術ではクラムスコイやレーピンなどの「移動展派」というふうに、圧倒的にリアリズムの枠内にあった。しかし、一九世紀末からロシアの芸術は、デカダン派や象徴主義といったリアリズムに反旗を翻したモダニズムが主導的な役割を果たすようになった。ロシア・アヴァンギャルドはこのモダニズムの第一世代を乗り越える第二世代として、二〇世紀初頭に登場した。登場するや、あらゆる芸術分野で革新的実験を行い、短い期間で数多くの華々しい成果を生み出していった。芸術史上に名高い、「ロシア・アヴァンギャルド」の時代である。

アヴァンギャルドは、過去の芸術潮流との断絶を基本理念とする。ロシア・アヴァンギャルドの場合、それを象徴するのが、ロシア最初のアヴァンギャルドとされるロシア未来派の文集『社会の趣味への平手打ち』（一九一二）に掲載された宣言文だ。その中で、「過去は狭苦しい。〈中略〉プーシキン、ドストエフスキー、トルストイ等々を現代の汽船から放り出せ」と主張するのである。

過去との断絶を求める芸術家である彼らは当然、芸術手法の革新を行う。彼らは現実の再現から芸術を解放し、それ独自の法則を持った芸術をうち立て、芸術の自律性の確立を目指した。例えば、文学においては、ザーウミという超意味言語で詩的言語を刷新、あるいは再創造しようとした。美術ではネオ・プリミティヴィズムや非具象の手法などで新たな造形原理の獲得を目指し、さらには「構成」を重視することで、イーゼル絵画を否定し、それまでの美術の枠組みを破壊していった。演劇では、現実をそのまま舞台に移すのではなく、あくまでも「演劇らしさ」が追及された。

こうした革新は、映画でも、音楽でも行われた。要するに、ロシア・アヴァンギャルドはすべての芸術分野に及んだのである。そして、彼らの革新は芸術的手法にとどまるもの

ロシア・アヴァンギャルドの代表的画家マレーヴィチの『農婦、スーパーナチュラリズム』(1920年代初頭、モスクワ市近代美術館)

カバコフ『棚田』(部分、2000年)。新潟県の妻有《つまり》地域で開催される「大地の芸術祭」に出品されたもので、現在も展示されている

ではなかった。彼らは世界を知覚する方法を、つまりは文化のパラダイムそのものを革新しようとしたのである。

過去から解き放たれ、自律した表現を求めた彼らはまさに、「芸術における革命家」だった。しかも、彼らは芸術の革命家であっただけではない。彼らは芸術によって世界の本質を解明し、芸術によって世界そのものをも変革しようと夢見たのだ。それゆえ、彼らの多くは同じく世界の変革を目指すロシア革命に同調し、「革命の芸術」は「芸術の革命」でなければならないと主張したのである。

革命後しばらくは、彼らアヴァンギャルド芸術家と政治のアヴァンギャルドであるボリシェヴィキは比較的良好な関係にあった。ボリシェヴィキ政権はカンディンスキーなど、多くのアヴァンギャルド芸術家を国の芸術部門の要職に就けている。しかし、そうした関係は長くは続かなかった。あくまで芸術による世界の変革を望むアヴァンギャルド芸術家と政治の理論は相容れることはなかったのである。スターリン体制の確立とともに、一九二〇年代後半からアヴァンギャルド芸術はリアリズム芸術への回帰を目指す国家の方針で弾圧されるようになり、ついにはその息の根を止められてしまうのだ。一九三〇年のロシア未来派の代表的詩人マヤコフスキーのピストル自殺が、ロシア・アヴァンギャルドの終焉を告げる象徴的事件となった。

ソ連のアヴァンギャルド芸術はこうして公式には抹殺されたものの、完全に死に絶えることはなかった。前衛芸術家は地下に潜り、その芸術は非公認芸術として命脈を保ち続けたのである。例えば、美術では、一九七〇年代にはソッツ・アートやコンセプチュアリズムといった前衛芸術が登場し、世界的な注目を浴びるようになった。現在、個々の作品ではなく、作家が構成した空間全体をひとつの作品として体験させるインスタレーションの世界的芸術家として知られるカバコフもモスクワのコンセプチュアリズムから出てきたのである。弾圧されながらも新しいものを生み出す、というのは、ロシアの芸術の特徴のひとつなのだ。

芸術による世界の変革などというロシア・アヴァンギャルドの主張は、たしかに実現不可能なユートピアなのかもしれない。しかし、彼らの芸術は依然として新しく、そこには学ぶべきものがまだたくさんあるのだ。

ヴィテプスク
――つかの間の芸術先進都市――

ロシアとの国境に近いベラルーシ北東部に位置するヴィテプスク。ヴィテプスクなんて聞いたことがない、という人も多いだろう。だが、美術ファンなら、耳にしたことがあるのではないだろうか。日本でも人気の高い画家、マルク・シャガールの故郷だからだ。

シャガールは一八八七年、この町のユダヤ人家庭に生まれた。彼はこの町でペンという画家から初めて絵の手ほどきを受け、以後、ペテルブルク、パリと故郷を離れて研鑽を積み、徐々にその才能を開花させていった。シャガールは一九一四年に妹の結婚式に参列し、婚約者のベラと再会するため、久しぶりにヴィテプスクに戻ってきた。あくまで一時的な帰郷のつもりだったが、第一次世界大戦とロシア革命の勃発により、彼はその後八年間、ロシアにとどまることになった。

シャガールは、多くのユダヤ人と同じように、ロシア革命を歓迎した。帝政ロシア時代、ユダヤ人は激しい差別に苦しんでいたが、ロシア革命は民族的差別の撤廃を約束していたからである。シャガールは一九一八年九月にヴィテプスクの美術人民委員という公職に就任した。彼は自分の才能を革命と愛する故郷のために役立てたかったのである。彼はヴィ

ヴィテプスクの「マルク・シャガール・アートセンター」。この施設では、シャガール作品の見学などができる

1920年に撮影されたウノヴィスの集合写真。中央で円形のものを持っているのがマレーヴィチ

テプスクに美術学校を設立することを目指すが、それと同時に、すぐにやらなければならないことがあった。十月革命一周年が目前に迫っていたのである。

彼は革命一周年の祭典を盛り上げるため、数多くのパネルやプラカードでヴィテプスクの町を飾りたて、華々しい祝祭空間を作り上げた。その規模と華々しさはモスクワやペトログラードに引けを取らないほどだったという。飾られたパネル等はいかにもシャガールらしいものだった。そこには空飛ぶ人物や緑の顔のユダヤ人、馬やロバ、ピエロといったシャガール芸術におなじみのモチーフが描かれていたのである。一方、美術学校の方だが、彼の努力は翌年一月のヴィテプスク人民芸術学校の開校という形で実を結び、シャガール自身がその校長に就任した。

こうしたシャガールの活動が始まりとなって、この地方都市に「ヴィテプスク・ルネサンス」と呼ばれる時代が訪れるのである。この時期、ヴィテプスクでは様々な芸術ジャンルで実験精神に富む活動が繰り広げられるのだ。この点、ヴィテプスクの地理的位置が有利に働いた。モスクワ、ペトログラードからそれほど離れておらず、当時すでに両首都と鉄道で結ばれていたこの町には、革命の混乱を逃れて優れた芸術家や知識人も含めて、数多くの人がやって来たのである。

しかし、シャガールにとり、幸福な時間は長くは続かなかった。そのきっかけをつくったのは、彼自身が芸術学校の教員として招いた、後に構成主義の芸術家として世界的に有名になるエリ・リシツキーである。このリシツキーの招きで、シャガールがヴィテプスクを去る原因となるひとりの人物が芸術学校の教員に就任することになったのである。その人物とは、抽象絵画の巨匠カジミール・マレーヴィチである。彼は一九一九年一一月にヴィテプスクにやって来ると、その圧倒的なカリスマ性でたちまち芸術学校をスプレマチズムに染め上げた。幾何学的な色彩平面形態だけを描くスプレマチズムから見れば、シャガールの作風は古くさい過去の遺物のように思われた。こうした対立の結果、シャガールは翌年六月に校長職を辞し、追われるようにモスクワに去っていった。こうして、生涯愛し続け、最後までその光景を描き続けた故郷ヴィテプスクとシャガールは永遠に別れることになったのである。

それに対し、マレーヴィチの影響力は強まるばかりだった。一九二〇年には彼を中心に、アヴァンギャルド運動に重要な役割を果たす「ウノヴィス」が結成されている。ウノヴィスとは「新芸術の確立者」の略称だが、この団体はまさにその名の通り、新たな芸術の確立を目論んでいたのである。

ヴィテプスク・ルネサンスは美術の分野ばかりではない。一九一八年にはヴィテプスク人民音楽院が設立され、新たな音楽教育が実践されているし、一九二〇年には革命的風刺劇場が生まれ、新しい演劇の波を起こした。さらに、この時期、対話の思想などで人文諸科学に現在でも多大な影響を及ぼし続けているミハイル・バフチンがヴィテプスクに暮らしていたということも、特筆に値しよう。彼はこの町で文学史や美学の講義を行い、マレーヴィチらウノヴィスのメンバーとも交流を持った。

こうした世界的な芸術家や思想家が活躍したヴィテプスク・ルネサンスも、一九二〇年代前半には早くも終焉を迎える。リシツキーは一九二一年に、マレーヴィチは二二年に、バフチンは二四年にヴィテプスクを去る。ヴィテプスク・ルネサンスはわずか数年の出来事であったが、しかし、それが持つ文化的な意味はきわめて大きい。その名前さえあまり知られていないベラルーシの地方都市で、こうした出来事があったのは奇跡とさえ言えるかもしれない。また、「ヨーロッパ最後の独裁者」との異名をとるルカシェンコ大統領の支配する現在のベラルーシからは、まったく想像できないようなことでもある。

スラヴの伝道師、アルフォンス・ムハ

流麗な曲線と淡い色彩で魅惑的な女性を描いたポスターなどで知られるチェコ人画家、アルフォンス・ムハ（Alfons Mucha）。チェコ名の「ムハ」ではなく、フランス語読みの「ミュシャ」といったほうが、なじみがあるかもしれない。彼は一九世紀末から二〇世紀初頭に流行したアール・ヌーヴォーを代表する芸術家として名高いが、彼はまた、祖国を愛し、スラヴを愛した、「スラヴの伝道師」でもあった。

ムハはチェコのモラヴィア地方のイヴァンチツェという町に、一八六〇年に生まれた。ウィーンやミュンヘンで画業を積んだ後、彼は一八八八年に芸術の都パリに出た。そんな彼に栄光が訪れたのは、一八九四年末に繊細な装飾を背景に、劇的なポーズをとった有名女優サラ・ベルナールを描いた「ジスモンダ」のポスターを制作した時である。新しい芸術のスタイルを告げるこのポスターがパリの街に貼り出されると、ムハは一夜にして時代の寵児になった。

これ以降、ムハはポスターや装飾パネル、本や雑誌の表紙や挿絵、室内装飾や宝飾デザインなど、多くのジャンルで活躍した。彼はアール・ヌーヴォーを代表する装飾画家となり、その独特な「ミュシャ・スタイル」はアール・ヌーヴォーの代名詞となるのである。

時代の寵児となったムハのパリでの活動は、以後ほぼ一〇年間続いた。しかし、ムハはそうした状況に心から満足していたわけではなかった。彼にはもっと大きな人生の目標ともいうべきものがあったのである。それは祖国チェコの、そして全スラヴ民族の偉大さを世界に示すことだった。こうした目標を抱いていた彼は、チェコとスラヴ民族のための仕事に後半生を捧げる決意をするのだった。

彼は一九一〇年に祖国チェコに戻ると、その仕事に没頭するようになる。しかし、ムハはアール・ヌーヴォーの装飾画家としてその仕事に取り組んだのではなかった。そもそも彼はアール・ヌーヴォーに安んじていたわけではない。むしろ、それは自分本来の芸術的課題を満たすものではないと考えていたのである。そうした彼が新たな表現手段としたのは、肖像画や歴史画といった伝統的な絵画だった。こうした変貌を経て出来上がったのが、連作『スラヴ叙事詩』である。

ムハはスラヴ民族の歴史を絵画で表現しようとしたこの大作のために、入念に準備した。多くの文献を読み、歴史家の意見を聞き、ロシアやバルカン諸国、さらにはギリシアの東方正教会の修道院にも訪れた。そして、ムハは一九二八年までの一八年間にわたって、『スラヴ叙事詩』を構成する二〇枚の絵を完成させるのである。その大部分が六×八メートルという大作である。

『スラヴ叙事詩』はチェコ人の歴史に関する一〇枚とチェコ人以外のスラヴ民族の歴史に関する一〇枚の絵で構成されている。ムハは歴史を描く意義を、「個々の民族の発展はそれぞれが根っこから離れずに、有機的に、絶え間なく成長していく時のみ、うまく続いていくと確信している。この連続性を保持するためには、自らの歴史的過去を知ることが不可欠なのである」と説明している。また、そのタイトルからもわかるように、思想的背景には、パン・スラヴ主義があった。それは祖国で手がけた『スラヴ叙事詩』以外の作品、プラハの市民会館の市長ホールや聖ヴィート大聖堂のステンドグラスなどにも明白に表れている。市長ホールの天井画は「スラヴの連帯」と名付けられているのだ。

『スラヴ叙事詩』はモニュメンタルな大作であり、ムハ畢生の力作であるが、それと同時に、時代がかったアカデミックな歴史画という印象を与える。アール・ヌーヴォー時代に時代の感性をリードしてきたムハの姿はここにはない。彼は美術の流れや時代に逆らってまでも、自分の信じる方法で自らの理想に仕えようとしたのである。

しかし、この大作に込められたムハの思いは決して古びていない。その思いはチェコやスラヴ民族を超えて、全人類に向けられたものだからだ。彼はこの連作でスラヴ民族がヨーロッパの平和と発展に貢献してきたことを示す場面を選んで描き、完成にあたっては、「わたしの作品の目的は破壊することではなく、常に建設し、橋を架けることだけだった。な

アルフォンス・ムハ。アール・ヌーヴォーの画家として知られるが、その後半生を祖国チェコとスラヴ民族のための仕事に捧げた

『スラヴ叙事詩』の中の1枚、「スラヴ式典礼の導入」(1912年)。『スラヴ叙事詩』はスラヴ民族の歴史を描いた20枚から成る大作である

ぜなら、我々はみな、人類は親密になるという希望を育まなければならないからだ。そして、人類が親密になることは人々が互いを知れば知るほど、いっそう迅速に、容易に進むのである」と語っている。ムハの視線はスラヴ民族の団結の先に、全人類の結合という究極的な夢を見すえていたのである。

『スラヴ叙事詩』は現在、ムハの故郷に近いモラフスキー・クルムロフのアルフォンス・ムハ絵画館に展示されている。華やかなアール・ヌーヴォーの芸術家としてのムハと「スラヴの伝道師」ムハとの間には、大きな隔たりを感じるかもしれない。しかし、生涯彼を支えていたのは、チェコ人、そしてスラヴ民族の一員であるというアイデンティティだったのである。また、最後に、日本に世界有数のムハ・コレクションがあることも付け加えておこう。堺市立文化館アルフォンス・ミュシャ館である。明治の文芸雑誌「明星」への影響でも知られるように、日本人は古くからムハの芸術を愛してきたのである。

映画のスラヴ

「我々にとり、映画はすべての芸術のなかで最も重要な芸術である」と言ったのは、社会主義革命の父レーニンである。とはいえ、レーニンが注目していたのは、芸術としての映画ではない。映画を「大衆啓蒙の最も強力な手段」と考えていた彼は、映画というメディアが持つ強大なプロパガンダ能力に着目していたのだ。

こうして、ソ連・東欧の旧社会主義諸国では、映画は重要な宣伝手段のひとつとみなされ、国家の保護を受けることになった。これらの国々では国家のイデオロギー路線に沿った映画が大量に作られ、ソ連・東欧諸国は映画大国となるのである。

量的な面ばかりではない。映画を重視した社会主義諸国はまた、人材育成の面でも画期的な一歩を踏み出した。ロシアでは一九一七年の十月革命後、二年も経たないうちに、世界で最初の国立映画学校が設立された。この学校は後に国立映画大学となり、現在に至っている。さらに、ロシアだけでなく、社会主義化後、他の東欧諸国にもこれにならった映画学校が設立され、映画に必要な人材が系統的に養成されていくのである。

国家の保護を受け、資金面でも人材面でも恵まれていたソ連・東欧諸国の映画界だが、しかし、そこに創作の自由はなかった。政府の不興を買えば、いかに優れた映画監督といえども、メガホンを握ることはできなかった。日本でもよく知られているセルゲイ・エイゼンシテインも批判のやり玉にあげられ、そうした時期を経験しているし、彼の最後の作品『イヴァン雷帝』の第二部（一九四六）は改作を余儀なくされ、第三部は破棄されさえしているのである。

しかし、社会主義の時代だからといって、優れた映画が生み出されなかったわけでは決してない。例えば、アヴァンギャルドが革命政権と蜜月関係にあった一九二〇年代のソ連は、映画というジャンルでも〝前衛〟に位置し、世界に衝撃を与えた。エイゼンシテインの他にも、モンタージュ論を提示したレフ・クレショーフや、革新的なドキュメンタリー映画理論を展開したジガ・ヴェルトフらが、映画芸術に新たな地平を切り開いていった。その後もソ連からはアンドレイ・タルコフスキーが、ポーランドからはアンジェイ・ワイダ等が登場し、世界の映画ファンを魅了したのである。

また、社会主義時代には、祖国を離れて（あるいは、追われて）活躍する映画監督も現われてくる。タルコフスキーもそうであり、彼の最後の二作品『ノスタルジア』（一九八三）と『サクリファイス』（一九八六）は国外で製作されている。さらにはハリウッドで活躍する映画監督も登場するようになった。最も有名なのは『カッコーの巣の上で』（一九七五）と『アマデウス』（一九八四）で二度、アカデミー監督賞を受賞した、チェコ出身のミロシュ・

エイゼンシテインの代表作『戦艦ポチョムキン』（1925年）のポスター。デザインはロトチェンコ

バランドフ・スタジオ内に作られた映画のセット。このスタジオから世界的なヒット作が多数生み出されている

フォアマンだろう。彼は母国で映画製作を行っていたが、一九六八年の「プラハの春」の弾圧を契機にアメリカに渡った人物である。また、二〇〇二年に『戦場のピアニスト』でアカデミー監督賞を受賞したロマン・ポランスキーはポーランド出身だ。

現在、旧東欧圏ではハリウッド映画が市場を席巻し、自国の映画は厳しい環境に置かれているところが多い。しかし、この地域の映画スタジオは、冷戦終結後、世界中から熱い視線を浴びるようになった。なかでも有名なのが、チェコのプラハにあるバランドフ・スタジオだ。

ヨーロッパ最大級の規模を誇るこの映画スタジオは、ハヴェル元大統領の父らによって一九三一年に設立された。これまで国内外の二五〇〇作品以上を製作しているが、外国、特にアメリカの映画がこのスタジオを本格的に使用するようになったのは一九八〇年代からで、フォアマンの『アマデウス』あたりからである。以後、『ミッション・インポッシブル』（一九九六）、『ナルニア国物語　第一章・第二章』（二〇〇五・〇八）、『００７／カジノ・ロワイヤル』（二〇〇六）と枚挙に暇がないほど、世界的なヒット作がこのスタジオで撮影・編集されている。ポランスキーも『オリバー・ツイスト』（二〇〇五）でこのスタジオを使用している。

このように数多くのヒット映画を生み出すバランドフ・スタジオは、「ヨーロッパのハリウッド」とか「東のハリウッド」といった異名をとるまでになっているが、欧米の映画が製作されている旧東欧のスタジオは今や、チェコだけではない。ハンガリー、ブルガリア、ルーマニアなども外国映画の誘致に熱心で、ハンガリーはそのために税の優遇策まで取っている。最近では、これらの国のスタジオで撮影や製作を行う日本映画も出てくるようになった。

それでは、なぜこれらの国々のスタジオが世界的に人気なのだろうか。第一には、製作費が安く抑えられるからである。また、これらの国々には豊かな自然や歴史的な街並みが数多く残っていて、ロケにはもってこいだ。しかも、技術者のレベルが高い。前述のように、これらの国々では映画に必要な人材を国家的に養成してきたが、その遺産が現在まで受け継がれているのである。世界的なヒット映画が旧東欧諸国で製作されている、――よく映画を見る人でも知らないような事実ではないだろうか。

バレエ・リュッス
――二〇世紀のバレエ革命――

ロシア語を教えていると、「バレエが好きだからロシア語を始めました」という人に時々出会う。それほどにロシアのバレエは名高い。たしかに、ロシアは世界的な舞踏家や振付家を多数生み出してきたし、ボリショイ劇場やマリインスキー劇場は世界中のバレエ・ダンサーのあこがれの的だ。さらに、二〇世紀初頭、バレエの世界に革命を起こし、現在のバレエ芸術の礎をつくったのも、ロシア人が結成したバレエ団なのである。そのバレエ団とは、セルゲイ・ディアギレフ率いる「バレエ・リュッス」である。

ディアギレフ（ロシア語読みではジャーギレフ）は一八七二年にノヴゴロト県の裕福な家庭に生まれた。彼と芸術のかかわりは、バレエや音楽ではなく、美術から始まった。一八九八年に、彼を中心に印象派や唯美派の芸術家が集まって、美術雑誌「芸術の世界」がペテルブルクで創刊されるのである。この雑誌はロシアのモダニズム運動に大きな役割を果たし、一九〇四年まで続いた。

ディアギレフはその後、西欧にロシアの芸術を紹介する事業に乗り出すが、この時も美術が先行した。彼はまず、一九〇六年にパリでロシア人画家の絵画展を開いた。そして、その翌年から、「セゾン・リュッス」と称するロシアの音楽を紹介するイヴェントをパリで開催するのである。伝説的なバス歌手シャリャーピンが世界的名声を獲得するのも、一九〇八年の「セゾン・リュッス」でムソルグスキーのオペラ『ボリス・ゴドゥノフ』の主役を演じてからである。

そして、一九〇九年五月、パリのシャトレ座でオペラとバレエによる「セゾン・リュッス」が始まった。パリの観客は今回もロシアの芸術に魅せられたが、特に、バレエに熱狂した。彼らはまず、フォーキンによる斬新な振付に驚いた。そして、踊り手たちの見事な演技に圧倒されんばかりの印象を受けるのである。この頃、西欧ではバレエ芸術は衰退しており、人材育成もままならなかったが、ロシアでは帝室舞踊学校で厳格な舞踊教育が行われ、きちんと人材を育成していた。ここで養成されたパヴロヴァ、カルサヴィナ、ニジンスキーといったバレエ史にその名をとどめるダンサーたちの高度な演技がパリの観客を熱狂させたのである。さらに、「芸術の世界」の同人でもあったベヌアやバクストらの力感あふれる舞台装置や衣装なども観客の熱狂を強めた。この大成功を収めた公演がバレエ・リュッスの旗揚げとされるのである。

「バレエ・リュッス Ballet Russe」とは「ロシアのバレエ」という意味のフランス語で、「ロシア・バレエ団」とも呼ばれるが、その名の通り、この団体はロシア人から成っていた。

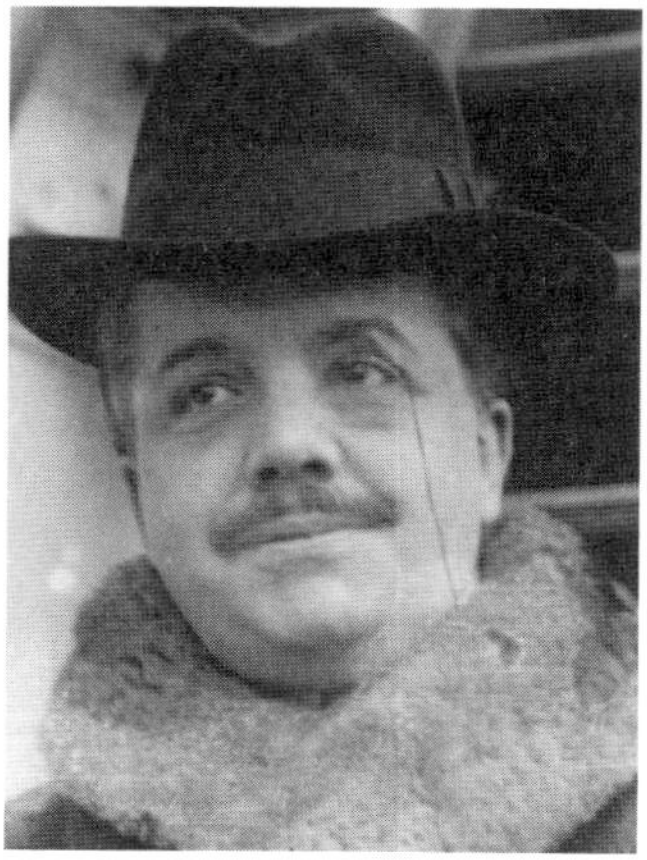

バレエ界に革命をもたらした「バレエ・リュッス」の主宰者ディアギレフ。彼は天才的なプロデューサーであり、プロモーターだった

フランスの作家コクトーがデザインした1911年の「バレエ・リュッス」の公演ポスター。描かれているのはニジンスキー

初期にはロシア的エキゾチシズムが西欧の観客には目新しく映り、それが成功のひとつの要因にもなったが、しかし、このバレエ団は徐々に国際的性格を強めていった。それは圧倒的成功を獲得して多様な人材を惹きつけるようになったからでもあり、また、第一次世界大戦とそれに続くロシア革命によって、本国ロシアとの関係が途絶えたためでもあった。その結果、バレエ・リュッスにはロシア人以外の数多くの著名な芸術家が協力するようになっていく。音楽ではドビュッシー、ラヴェル、サティらが、舞台美術や衣裳ではピカソ、マティス、ローランサン、シャネルらが、台本ではコクトーらが作品を提供するようになるのである。バレエ・リュッスの舞台はまさに、国際的な芸術家のコラボレーション、それも史上稀に見る豪華なコラボレーションの場となったのだった。

ところで、主宰者ディアギレフ自身の芸術性は、舞踏にせよ、音楽にせよ、美術にせよ、決して専門的と言えるほどのものではなかった。だが、彼は新たな才能を見出す力に秀でていた。ニジンスキーらの踊り手はもちろん、『火の鳥』、『ペトルーシカ』、『春の祭典』といった作品をバレエ・リュッスのために作曲し、一躍有名作曲家となるストラヴィンスキーを見出したのも彼なのである。たしかに、彼自身が一流の芸術家であったとは言えないだろう。しかし、多彩な才能を集結させ、観客を惹きつける魅力的な舞台を創造することのできた彼は天才的なプロデューサーであり、プロモーターだったのだ。そうした彼なくして、バレエの近代化はなかった。ディアギレフと彼が組織したバレエ・リュッスによって、バレエは初めて、舞踏・音楽・美術がひとつに融合した総合舞台芸術になったのである。

バレエ・リュッスはヨーロッパ各国、そしてアメリカや南米でも公演を行い（だが、ロシア・ソ連で公演することは一度もなかった）、一九二九年のディアギレフの死によって解散する。しかし、その遺産は世界各国に広まり、影響を及ぼし続けている。パリのオペラ座で、沈滞していたフランスのバレエ界を救ったリファール、アメリカのバレエを育てたバランチン、イギリスのロイヤル・バレエ団となるバレエ団を創設したド・ヴァロアも、バレエ・リュッスで活動していた人物なのである。バレエ・リュッスがなかったならば、現在のバレエ界はなかったといっても過言ではないだろう。バレエ・リュッスこそ、現代バレエの礎なのだ。

スラヴ・サッカー事情

世界で最も人気あるスポーツ、サッカー。スラヴ地域もその例外ではなく、サッカーが人気ナンバーワンのスポーツと言っていいだろう。しかし、現在ではサッカー強国と言えず、ワールドカップで優勝したこともないスラヴの国々のサッカー事情に関心を向けられることはあまりない。だが、スラヴ諸国はかつてはヨーロッパの、そして世界のサッカーの歴史に輝かしい足跡を残してきたのである。

ワールドカップでの戦績をみてみよう。

スラヴの国は第一回のワールドカップから参加してきた。一九三〇年にウルグアイで開かれたこの大会にはユーゴスラヴィアが参加し、四位の成績を収めている。ユーゴスラヴィアは一九六二年のチリ大会でも四位となっているが、この国はテクニックと創造性あふれるプレーヤーを多数輩出し、「東欧のブラジル」と呼ばれた。Jリーグの名古屋グランパスエイトでもプレーし、現在はこのクラブの監督を務めるストイコヴィチもそのひとりだ。また、この国はプレーヤーだけでなく、オシム元日本代表監督のように、優秀な指導者を多数生み出してきたことでも知られている。ユーゴスラヴィア崩壊後は、クロアチアが最も良い成績を残している。一九九八年のフランス大会では、初出場ながら三位となり、旋風を巻き起こした。

スラヴ諸国で、ワールドカップ最上位の成績を収めたのは、チェコスロヴァキアだ。一九三四年のイタリア大会と一九六二年大会で準優勝を遂げているのである。その他、一九七四年の西ドイツ大会と一九八二年のスペイン大会でポーランドが二度三位になっており、一九六六年のイングランド大会でソ連が、一九九四年のアメリカ大会でブルガリアが、それぞれ四位になっている。

ワールドカップでの優勝はないものの、スラヴの国は二度、ヨーロッパ・チャンピオンに輝いている。一九六〇年の欧州選手権（ユーロ）第一回大会でソ連が、一九七六年の第五回大会でチェコスロヴァキアが優勝しているのである。準優勝となるとソ連が三度、ユーゴスラヴィアが二度、チェコが一度果たしている。また、二〇一二年のユーロ大会はポーランドとウクライナの共催で行われたが、一九七六年のユーゴスラヴィア大会以来、二度目となるスラヴ地域でのユーロ開催だった。

クラブレベルでは、ユーゴスラヴィアのクラブが特に輝かしい成績を残している。ヨーロッパのクラブナンバーワンを決めるＵＥＦＡチャンピオンズカップ（現在のＵＥＦＡチャンピオンズリーグ）では一九九〇〜九一年シーズンにレッドスター・ベオグラード（セルビア語名ツルヴェナ・ズヴェズダ）が優勝を果たし、さらにトヨタカップでも南米チャ

栄光の歴史を有するレッドスター・ベオグラードのホーム、スタディオン・ツルヴェナ・ズヴェズダ

ワールドカップにもその名をとどめる名ゴールキーパー、ヤシンの記念像（モスクワ、ディナモ・スタジアム）

ンピオンのチリのコロコロを破り、世界一の称号を手にした。また、一九六五～六六年シーズンには、同じユーゴスラヴィアのパルチザン・ベオグラードがＵＥＦＡチャンピオンズカップで準優勝している。

ところで、ワールドカップの最優秀ゴールキーパーに与えられる賞は、二〇〇六年のドイツ大会までヤシン賞と呼ばれていた。ソ連が生んだサッカー史上最高のゴールキーパー、レフ・ヤシンの名を冠していたのである。黒いユニフォームと黒いグローブを身に着け、非常に長い腕でゴールを割らせなかった彼は「黒蜘蛛」の異名をとったが、一九六三年にはヨーロッパの年間最優秀選手に贈られるバロンドールを受賞している。ソ連の選手としては初めての受賞だった。また、バロンドールを受賞したゴールキーパーは、現在に至るまで彼ただひとりである。

ヤシンはディナモ・モスクワというクラブに所属していたが、この「ディナモ」というのは旧東欧のスポーツ界を代表する名前だ。ロシア革命後、ソ連では国家機関や労働組合のためのスポーツクラブが次々に設立された。例えば、内務省のクラブとして「ディナモ」が、赤軍のクラブとして「ＣＳＫＡ」（ロシア語ではЦСКА、「陸軍中央スポーツクラブ」の略で、「ツェスカ」と読む）が、といった具合である。日本の本田圭佑選手がプレーしているのはこのＣＳＫＡモスクワである。また、これらのクラブは総合スポーツクラブで、サッカーだけでなく、バレーボールやアイスホッケーなど様々なチームを保有した。こうしたクラブの名前や形態は他の社会主義国にも広まり、ディナモ・キエフやＣＳＫＡソフィアというように、現在でも受け継がれているのである。

社会主義崩壊後、社会的な混乱もあって、スラヴのサッカー界は、一九九六年のユーロで準優勝したチェコを除いて、全体的に停滞期にあった。二〇〇八年のユーロでは、ロシアが優勝候補のオランダをも破って、ベスト四入りを果たし、スラヴのサッカー界にも復活の兆しが見えたが、二〇一〇年のワールドカップ南アフリカ大会、二〇一二年のユーロ大会とも、スラヴの国々は良い成績を残せなかった。

スラヴのサッカー界がかつての栄光を取り戻す日はやってくるのだろうか。道のりは平坦ではないだろう。各国のサッカー協会も問題のあるところが多い。だが、スラヴのサッカーが輝きを取り戻す日を楽しみに待ちたい。二〇一八年にはロシアでスラヴ地域初のワールドカップが開催されるのだから、なおさらである。

【増補版追記】二〇一八年のロシア・ワールドカップでは、クロアチアが準優勝を遂げた。開催国ロシアは優勝候補の一角のスペインを破り、準々決勝に進出したが、準々決勝でクロアチアに敗れた。

アイスホッケー
——人気と実力のウインター・スポーツ——

スラヴ地域は、ロシアに代表されるように、寒冷地が多い。雪と氷に恵まれたそうしたところでは、ウインター・スポーツの人気が高くなるのも当然だ。そのひとつ、「氷上の格闘技」と呼ばれるアイスホッケーは日本ではほとんど人気がないが、スラヴ諸国ではサッカーに並ぶほど、絶大な人気を博しているところもある。例えば、ロシアやチェコでは、カナダのように国によって定められているわけではないが、アイスホッケーは「国技」扱いだ。

一九世紀後半にカナダで生まれたとされる近代的なアイスホッケーは、二〇世紀初頭にはヨーロッパにも広まった。ロシアにもこの頃アイスホッケーが伝わったが、ロシア・ソ連で本格的に普及したのは第二次世界大戦後のことだった。氷に慣れ親しんでいるロシア人は、その能力を遺憾なくこの競技に発揮した。ソ連は一九五四年に初めて世界選手権に出場するが、見事優勝を遂げ、国際舞台にセンセーショナルなデビューを果たすのである。さらに、冬季オリンピックとしては初参加の一九五六年のコルティナダンペッツォ大会でも、金メダルを獲得した。

国際舞台に登場するや、アイスホッケー強国としての地位を確立したソ連は、それ以降、栄光の歴史を刻み続けた。世界選手権ではソ連崩壊の一九九一年までに三四回出場したが、優勝はなんと二二回を数え、一度もメダルを逃すことはなかった。オリンピックにおいても、一〇大会で八度優勝し（ＥＵＮとして参加した一九九二年のアルベールビル大会を含む）、こちらでも一度もメダルを逃すことはなかったのである。卓越したスケート技術とスティックさばき、見事な連係プレーといった特徴を備えたソ連チームは一九五〇年代からその消滅まで、世界の舞台で圧倒的な強さを誇ったのである。

ソ連崩壊前後から、ロシアのアイスホッケーは国内の混乱と有力選手の国外流出などもあって、一時期沈滞したが、近年、復活を果たした。世界選手権では二〇〇八年と〇九年に二連覇を果たし、一二年にも優勝を飾った。しかし、オリンピックでは新生ロシアは一度も金メダルを手にしていない。一九九八年の長野大会の銀メダルが最高なのである。

スラヴ圏でロシアに次ぐアイスホッケー強国はチェコだろう。チェコでのアイスホッケーの普及はロシアよりも早く、国際アイスホッケー連盟（ＩＩＨＦ）にも設立年の一九〇八年にボヘミアとして加盟している。決して大きな国ではないが、世界選手権ではチェコスロヴァキアとして六回、ビロード離婚の後もチェコが六回優勝している。オリンピックでも、フォワードのヤロミール・ヤーガーとゴールキーパーのドミニク・ハシェク

ヨーロッパ最強のアイスホッケー・リーグ、KHL
のロゴマーク。ロシアをはじめとした7カ国の
チームが熱い戦いを繰り広げている

KHLの一戦、CSKAモスクワ対スパルタク・モスクワ。アイスホッケー観戦
はロシア人の冬の楽しみのひとつだ

の二枚看板で、一九九八年の長野大会でロシアを破って金メダルを獲得している。

アイスホッケーが人気も実力も備えているこれらの国々では、プロのスポーツとして成立し、プロリーグが存在する。なかでも、抜きんでているのはKHLだろう。

KHL（ロシア語ではКХЛ、コンチネンタル・ホッケー・リーグの略）は、ロシア・スパーリーグを母体に、ベラルーシ、カザフスタン、ラトヴィアの三カ国のチームも加えて、二〇〇八年に設立された。このリーグはさらにチェコ、ウクライナ、スロヴァキアにも拡大され、二〇一二〜一三年シーズンはロシアの二〇チームと、他の六カ国の一チームずつの、計二六チームによって構成されている。チームの本拠地はハバロフスクからプラハまでに至り、その名の通りまさに大陸的なリーグである。リーグは東西のカンファレンスに分かれ、各カンファレンスはさらに二つのディヴィジョンに分かれる。シーズンは九月に開幕し、人類初の宇宙飛行士の名を冠したガガーリン・カップを目指して、翌年の四月まで熱戦が繰り広げられる。ちなみに、二〇一一〜一二年シーズンの優勝は、ディナモ・モスクワだった。

このリーグは規模が大きいだけではない。アイスホッケーのレベルそのものも非常に高く、ヨーロッパ最強のリーグと評されている。それはアイスホッケーのオリンピック出場国を見ても、窺い知れよう。二〇一〇年のバンクーバー・オリンピックのアイスホッケー競技の出場国は一二カ国だったが、カザフスタンとウクライナを除く、KHLを構成する五カ国が出場しているのである。さらに、このリーグでは構成七カ国の選手だけでなく、北欧や北米など、全部で一四カ国の選手がプレーしている。たしかに、世界最高峰のアイスホッケー・リーグである北米のNHLには及ばないだろうが、それに次ぐリーグであることに異論はないだろう。世界的なスター・プレーヤー、アレクサンドル・オヴェーチキンやエヴゲーニー・マルキンも現在のKHL加盟チームを経て、NHLに旅立って行ったのである。今後このリーグを他のヨーロッパ諸国にさらに拡大しようという構想もある。

二〇一四年のソチ冬季オリンピックのアイスホッケー競技でもスラヴの国が活躍するのは、まず間違いないだろう。また、ロシアがアイスホッケーでソ連崩壊後初の金メダルを獲得すれば、ロシア国内は大きな歓喜に包まれるだろう。IIHFによる二〇一二年の世界ランキングはロシアが第一位であるが、その実力を発揮できるか、見ものである。

【増補版追記】ソチ・オリンピックでは期待に反し、ロシアは五位とメダルにすら届かなかった。ただ、二〇一八年の平昌オリンピックでは金メダルを、二〇二二年の北京オリンピックでは銀メダルを獲得した（両大会とも、ドーピング問題で、「ロシア」としての参加ではなかったが）。

あとがき

世に〝スラヴィスト〟と呼ばれる人々がいる。スラヴィストとはスラヴ学を専門とする人だが、スラヴ学とは、有名なオジェゴフのロシア語辞典によれば、「スラヴ人および、その歴史、言語、民俗、文学、物質ならびに精神文化に関する諸科学の総体」と定義されている。簡単に言えば、スラヴの文化を総合的に研究する学術分野ということだろう。本書もスラヴ世界全体を対象としているが、系統的に叙述したものでないし、もちろん、学術書でもない。そもそも、筆者はスラヴィストではない。残念ながら、そう呼べるほどの広い学識を具えていない。筆者は単にロシア文化を専攻する者である。だが、ロシア以外のスラヴ世界にも興味を抱き、スラヴ世界に魅せられてきたのは事実である。学生時代から抱き続けてきたそうした関心が、こうして一冊の本に結実したことは素直にうれしい。

本書の元になったのは、社団法人日本能率協会発行の月刊誌「マネジメントレビュー」二〇〇八年四月号から二〇一〇年三月号まで、計三六回にわたって連載した「スラヴの十字路」である。本書に収めるにあたって、大幅に加筆修正し、発表の順序やタイトルも変え、新たに章を立てて全体を構成した。各節の割り振りには多少強引なところもあるが、全体の流れを考慮して構成したつもりである。とはいえ、順序に関係なく、各人の関心に応じて、どこから読んでいただいてもかまわない。

初出の雑誌はビジネスの第一線で活躍している人たちを対象としたもので、連載の話をいただいた時は、そうした方々にビジネスの面でも日本との関係が生まれてきたロシア・東欧の事情を紹介してもらいたいというものであった。ビジネスの世界とは無縁の人文系の大学教員にとって、普段かかわりを持つことのない人たちを対象とすることになったわけだが、連載にあたり心がけたのは、むやみに専門的にならず、取り上げるトピックもバラエティーに富んだ、アップ・ツー・デートな、読みやすいものにしようということだった。

そのようなわけで、スラヴの専門家には当たり前すぎて、もの足りないものになっているかもしれない。また、バラエティーに富んだものといっても、筆者の専門により、地域ではロシア、分野では文化に偏りすぎているかもしれない。さらに、アップ・ツー・デートを心がけたあまり、逆に古くなってしまった部分もあるかもしれない。例えば、このあとがきを書いている現在、コソヴォをめぐっては、セルビアとコソヴォの両政府は関係改善に向けて具体的な協議を進めているし、スラヴの経済先進国として紹介したスロヴェニアは財政的な危機にある。連載開始からすでに五年以上が経過してしまったので、時間の流れが早い現代においては、とりわけ時事的な問題が古びていくのは当然なことなのである。

雑誌連載中も、一冊の本にまとめるにあたっても、多くの方々にお世話になった。まず、「マネジメントレビュー」誌の大和佐智子編集長ならびに担当してくださった編集スタッフのみなさんにお礼を申し上げる。当初は一年間の連載ということだったのに、二回も延長を申し出てくださり、結局この雑誌には三年間もお世話になった。連載延長がなかったら、一冊の本になどとてもできなかっただろう。単行本として刊行するにあたっては、里文出版の安藤秀幸代表取締役と佐々木浩樹氏に大変お世話になった。連載中から考えていた単行本化という願いをかなえていただき、大変感謝しております。さらに、新潟産業大学教授片岡直樹氏には格別のお礼を申し上げなければならない。奥様を通じて連載の仲介をしてくださったのも片岡先生なら、里文出版を紹介してくださったのも同先生なのである。顔が広く、人あたりの良い片岡先生の御助力がなかったら、外向性も行動力も欠如している私ひとりでは、この本は生み出せなかっただろう。お世話になりっぱなしで、感謝の言葉もありません。これからもよろしくお願いします。また、執筆中は国内外の数多くの研究者の著作やサイトを参照させていただいた。本書の性格上、いちいちお名前は挙げないが、心より謝意を表します。
さて、序章で述べたとおり、豊潤なスラヴ世界の魅力を少しでも知っていただくことができただろうか。ひとりでも多くの方がその魅力に気づき、スラヴ世界に関心を持っていただけたなら、幸いである。

二〇一三年五月

嵐田浩吉

本書は、社団法人日本能率協会発行の月刊誌「マネジメントレビュー」二〇〇八年四月号から二〇一〇年三月号まで連載された「スラヴの十字路」を大幅に加筆修正し、再編集したものです。

増補版あとがき

二〇二二年二月二四日、世界中を震撼させる事件がスラヴ地域で起こってしまった。ロシアが隣国ウクライナへ軍事侵攻を開始したのだ。このあとがきを書いている五月二日現在、戦火は止む気配が一向になく、それどころかさらに拡大する様相を見せている。

本書でも繰り返し触れてきたが、かつて社会主義国であったスラヴの多くの国々は、冷戦が終結すると、ソ連の桎梏から逃れるように、「脱露入欧」の動きを取った。その動きは、ヨーロッパ・北米の軍事同盟である北大西洋条約機構（NATO）とヨーロッパの経済的および政治的連合である欧州連合（EU）への加盟状況を見れば、一目瞭然である（次ページの表を参照）。

現在、NATOにもEUにも加盟していないヨーロッパの旧社会主義国は旧ソ連のロシア、ウクライナ、ベラルーシ、モルドヴァと旧ユーゴスラヴィアのセルビアとボスニア・ヘルツェゴヴィナだけとなった。これらのうち、ウクライナとボスニア・ヘルツェゴヴィナは参加希望国としてNATOに承認されており、モルドヴァも今般のロシアによるウクライナ侵攻を受けて、二〇二二年三月にEUへ加盟申請を行った。セルビアはロシアと友好関係にあるが、一方でEU加盟を目指す動きもある。要するに、ロシアとベラルーシだけが取り残された形だ。

プーチンのウクライナ侵攻は、こうした旧社会主義諸国の「脱露入欧」の動きの結果、NATOが東方に大きく拡大したところが大きかった。次ページの地図を見ていただきたい。第二次世界大戦後に東西陣営を分けることになった境界線と現在のNATOの東側ラインを比較すれば、その線が大きく東側に移動し、ロシアにとっての緩衝地帯がなくなってきたことがわかる

ヨーロッパの旧社会主義諸国のNATOおよびEU加盟状況

	国名	NATO加盟年	EU加盟年
スラヴ諸国	ポーランド	1999	2004
	チェコ	1999	2004
	スロヴァキア	2004	2004
	ブルガリア	2004	2007
	セルビア	—	—
	クロアチア	2009	2013
	スロヴェニア	2004	2004
	ボスニア・ヘルツェゴヴィナ	—	—
	モンテネグロ	2017	—
	北マケドニア	2020	—
非スラヴ諸国	ハンガリー	1999	2004
	ルーマニア	2004	2007
	アルバニア	2009	—
	エストニア	2004	2004
	ラトビア	2004	2004
	リトアニア	2004	2004

ヨーロッパを２つに分ける境界線

第二次世界大戦後の東西陣営のライン（鉄のカーテン）
現在の NATO 東側ライン

だろう。ＮＡＴＯ陣営とロシアの間に位置するウクライナも、二〇一九年にＥＵおよびＮＡＴＯ加盟を目指すことを憲法に明記した。プーチンの危機感も理解できよう。

国を守り、自国の安全保障を確固としたものにすることが政治家の務めであるなら、ＮＡＴＯの東方拡大に反対し、ウクライナのＮＡＴＯ加盟を阻止しようとするのは理解できる。しかし、だからといって、武力をもって他の主権国家を意のままにしようなどということが許されるわけがない。プーチンが起こした行動は許すことのできない暴挙であり、愚挙である。

ところで、今般のプーチンの行動は彼の世界観に裏打ちされている。彼の世界観の骨格をなすものとして最近注目されているのが、「Русский мир《ルースキー・ミール》（ロシア世界）」という理念である。この理念自体は決して新しいものではなく、一一世紀にはすでにその使用例がみられ、中世ロシアの文化世界を定義するために使用されていた。

プーチンおよびロシア政府が「ルースキー・ミール」なる理念を積極的に採用するようになったのは、二〇〇〇年代以降のことであり、二〇〇七年にはロシア政府の資金で「ルースキー・ミール財団」を設立する大統領令まで発令している。

それでは、一体「ルースキー・ミール」とはいかなるものであろうか。それは概ね、以下のように解釈されている。

世界にはロシア国内だけでなく、ロシア国外にも、ロシア語を話し、ロシア正教を信仰する人々がいる。特に、ソ連崩壊後、ロシア国境外にはそうした人々が多数存在するようになった。「ルースキー・ミール」とはロシア国内外を問わず、世界中でロシア語を話し、ロシア正教を信じる人々の連帯であり、統一された世界なのである。

この理念は容易に政治利用可能である。とりわけ「歴史的ロシアの復活」を目指すプーチンにとってはそうである。ソ連崩壊後、新たな国境線が引かれ、ロシア国外には数多くのロシア語を話し、ロシア正教を信じる人々が取り残されてしまった。こうした人々も含めて、新たな「ロシア・ミール」を創造しなければならない、言葉を変えれば、それらの人々を含んでこその「ロシア」なのだ。二〇一四年以降のクリミア併合、ウクライナ東部のドネツク人民共和国とルガンスク人民共和国への支援と国家承認、そして今般のウクライナ侵攻も「ロシア系住民の保護」の名目で行われたが、それを支える大きな理念がこの「ルースキー・ミール」なのである。

この理念は、ウクライナ侵攻の半年ほど前の二〇二一年七月にプーチンが発表した一八ページにおよぶ論文「ロシア人とウクライナ人の歴史的一体性について」にも、明白に表れている。プーチンは、ロシア人もウクライナ人もベラルーシ人も等しくキエフ・ルーシの後継であり、言語的にも経済的にも政治的にも宗教的にも一体であったと述べ、この三つを「三位一体の民族」と呼びながら、その一体となっていた世界「ルースキー・ミール」の復活を訴えるのである。

なお、このプーチン論文の感想を尋ねられたウクライナのゼレンスキー大統領は、「ロシア大統領には私と面会する時間はないのに、このような大論文を執筆する時間があるというのは、うらやましいの一語に尽きる」と皮肉たっぷりにコメントし、さらに、「『兄弟民族』というテーゼは、旧約聖書のカインとアベルの物語を想起させる」とも述べている。カインとアベルの物語とは、周知のように、兄カインによる弟アベル殺害の物語である。不吉な連想が当たってしまった。

本年四月下旬に里文出版の堀川隆さんから本書を少し増補して、もう一度出版しませんかという話をいただいたとき、正直に言うと、複雑な気持ちになった。再出版の話をいただけたのは、本書の価値が改めて認められたようで素直にうれしかった。しかし一方で、このような状況で本書を再出版するのは、人の不幸を餌にするようで、応じる気持ちにはなれなかった。後者の思いは依然として強くあるが、少しでも本書がスラヴ世界の理解に役立つのならと思い、再出版をお願いすることにした。この決断の倫理的責任は負うつもりである。

連日報道される戦争の悲惨な状況は、これまで多年にわたりロシアと関わってきた者には、とりわけ大きな精神的ダメージとなる。自己のアイデンティティに係わる問題だからである。実を言うと、私などは侵攻後しばらくすると判断停止のような状態に陥った。いまだそのような状態から完全には抜け出せていない。このような苦しい状況にあるからこそ、再出版にあたり、どうしても言っておきたいことがある。それを述べさせてもらうことが、再出版を決めた大きな理由でもある。それは、現在ロシア語やロシア文化を専攻している若い人たちへのメッセージである。すでにロシア語科等を有する大学や関連学会等からロシアによるウクライナ侵攻に対する抗議声明が出されている。もちろんそれらのものに賛同するが、私はロシア語やロシア文化を専攻している若い人たちにただただシンプルにこう言いたい、「みんなはまったく悪くない」と。

ロシア語やロシア文化を学んでいる若い人たちへ

みなさんは現在のような状況を目にして、若い心をさぞ痛めていることでしょう。ですが、みなさんはまったく悪くありません。なにも悪くありません。みなさんの中には、もうロシア語やロシアのことなど学びたくないと思っている人もいることでしょう。それも当然のことだと思います。途中で進路を変更することになり、苦労することになるかもしれませんが、ロシア語を捨て、別の言語を学ぶのもありだと思います。みなさんの自由に決めてください。もうひとつ、このような事態が起こることを防げなかった無力な旧世代からの勝手なお願いですが、どうかみなさんの力でこのようなことが二度と起こることがないような世界を作り上げていってください。よろしくおねがいします。

美しい国ウクライナに一刻も早く平和が戻り、ウクライナの人々が一刻も早く穏やかな暮らしを取り戻すことができるよう祈念して。

嵐田浩吉

二〇二二年五月

嵐田浩吉　（あらしだ　ひろよし）

1963 年、山形県米沢市生まれ。東京外国語大学大学院外国語学研究科スラブ系言語専攻修了。専攻はロシア文化。著書に『オデッサ—黒海に現れたコスモポリス—』（東洋書店、2007 年）、『都市と芸術の「ロシア」』（共著、水声社、2005 年）、共編著に『プログレッシブ　ロシア語辞典』（小学館、2015 年）等がある。

スラヴの十字路　新装増補版

2023 年 5 月 27 日　新装増補版発行

著　者　嵐田浩吉

発行者　深澤徹也

発行所　株式会社メトロポリタンプレス

〒 174-0042 東京都板橋区東坂下 2-4-15 TK ビル 1 階

電話 03-5918-8461　Fax 03-5918-8463

https://www.metpress.co.jp

印刷・製本　株式会社ティーケー出版印刷

ISBN978-4-909908-76-6　C0039

■本書は 2022 年に里文出版より刊行された新装増補版（初版＝ 2013 年）を復刊したものです。